AUTOCAD
NA PRÁTICA:

VOLUME 2
DESENHO ARQUITETÔNICO

Conselho Editorial da Editora Livraria da Física

Amílcar Pinto Martins - Universidade Aberta de Portugal

Arthur Belford Powell - Rutgers University, Newark, USA

Carlos Aldemir Farias da Silva - Universidade Federal do Pará

Emmánuel Lizcano Fernandes - UNED, Madri

Iran Abreu Mendes - Universidade Federal do Pará

José D'Assunção Barros - Universidade Federal Rural do Rio de Janeiro

Luis Radford - Universidade Laurentienne, Canadá

Manoel de Campos Almeida - Pontifícia Universidade Católica do Paraná

Maria Aparecida Viggiani Bicudo - Universidade Estadual Paulista - UNESP/Rio Claro

Maria da Conceição Xavier de Almeida - Universidade Federal do Rio Grande do Norte

Maria do Socorro de Sousa - Universidade Federal do Ceará

Maria Luisa Oliveras - Universidade de Granada, Espanha

Maria Marly de Oliveira - Universidade Federal Rural de Pernambuco

Raquel Gonçalves-Maia - Universidade de Lisboa

Teresa Vergani - Universidade Aberta de Portugal

ROGÉRIO TAYGRA VASCONCELOS FERNANDES
NILDO DA SILVA DIAS
RAFAEL OLIVEIRA FERNANDES
OSVALDO NOGUEIRA DE SOUSA NETO

AUTOCAD

NA PRÁTICA:

VOLUME 2
DESENHO ARQUITETÔNICO

2022

Copyright © 2022 Editora Livraria da Física
1ª Edição

Direção editorial: José Roberto Marinho

Capa: Carlos Jorge Bezerra França

Edição revisada segundo o Novo Acordo Ortográfico da Língua Portuguesa

Dados Internacionais de Catalogação na publicação (CIP)
(Câmara Brasileira do Livro, SP, Brasil)

AutoCAD na prática: desenho arquitetônico: volume 2 / Rogério Taygra Vasconcelos Fernandes...[et al.]. – 1. ed. – São Paulo: Livraria da Física, 2022.

Outros autores: Nildo da Silva Dias, Rafael Oliveira Fernandes, Osvaldo Nogueira de Sousa Neto.

Bibliografia
ISBN 978-65-5563-209-5

1. AutoCAD (Programa de computador) 2. Ciência da computação 3. Computação gráfica 4. Edição Web 5. Software - Desenvolvimento 6. Processamento de dados I. Fernandes, Rogério Taygra Vasconcelos. II. Dias, Nildo da Silva. III. Fernandes, Rafael Oliveira. IV. Sousa Neto, Osvaldo Nogueira de.

22-108865 CDD-006.68

Índices para catálogo sistemático:
1. AutoCAD : Computação gráfica : Programas: Processamento de dados 006.68

Aline Graziele Benitez - Bibliotecária - CRB-1/3129

Todos os direitos reservados. Nenhuma parte desta obra poderá ser reproduzida sejam quais forem os meios empregados sem a permissão da Editora.
Aos infratores aplicam-se as sanções previstas nos artigos 102, 104, 106 e 107 da Lei N° 9.610, de 19 de fevereiro de 1998

Editora Livraria da Física
www.livrariadafisica.com.br

SUMÁRIO

INTRODUÇÃO 9

CAPÍTULO 1: Planta de Edificação 11

1.1 Conceito e finalidade da planta de edificação 12

1.2 Configuração das unidades de desenho 15

1.3 Como desenhar a planta de edificação? 16

1.4 Uso de camadas para organização dos projetos arquitetônico 17

    1.4.1 Aspectos gerais 17

    1.4.2 Configuração das camadas 18

1.5 Desenhando a planta de edificação 24

1.6 Criar e inserir blocos aos projetos arquitetônicos 62

    1.6.1 Conceitos e funções dos blocos em desenho arquitetônico 62

    1.6.2 Criando/Escrevendo Blocos 63

    1.6.3 Inserindo Blocos 68

1.7 Normas aplicadas ao desenho técnico 71

CAPÍTULO 2: Anotações dos desenhos: Textos e cotas 73

2.1 Textos 74

    2.1.1 Aspectos gerais 74

2.2 Configurando estilos de texto 76

    2.2.1 Definindo a altura do texto 81

    2.2.2 Inserindo textos no projeto 83

2.3 Cotas de um desenho 84
   2.3.1 Aspectos gerais 84
   2.3.2 Configuração de Cotas 87
   2.3.3 Cotagem do desenho 96
   2.3.4 Recomendações para cotagem 97

CAPÍTULO 3: Corte verticais de uma edificação 101
3.1 Conceito e finalidade dos cortes verticais 102
3.2 Indicação e elementos básicos dos Cortes 103
3.3 Desenhando os cortes verticais da edificação 105
   3.3.1 Corte Vertical Transversal 105
   3.3.2 Corte Vertical Longitudinal 146

CAPÍTULO 4: Elevações de uma edificação 181
4.1 Conceito e finalidade das elevações 182
4.1.1 Principais elementos 182
   4.1.2 Quantidade e denominação das elevações 183
   4.2 2. Desenhando as elevações da edificação 184

CAPÍTULO 5: Planta de locação e cobertura e, planta de situação 211
5.1 Conceito e finalidade da planta de locação e cobertura 212
5.2 Principais elementos 212
   5.3 2. Desenhando a planta de locação e coberta da edificação 213

CAPÍTULO 6: Planta de situação 227
6.1 Conceito e finalidade da planta de situação 228
   6.1.1 Conceito e função 228
   6.1.2 Principais elementos 228
6.2 Desenhando a planta de situação 229

CAPÍTULO 7: Impressão de projetos 235

7.1 Considerações iniciais 236

7.2 Configuração das folhas de impressão e criação de carimbo 236

    7.2.1 Desenho do formato das folhas 236

    7.2.2 Desenhando o carimbo da folha de projeto 243

    7.2.3 Configuração das pranchas nas abas de Layout 248

7.3 Montagem das pranchas 255

    7.3.1 Inserindo os desenhos na prancha 255

7.4 Definindo a escala 259

    7.4.1 Escalas e Legibilidade do Desenho de Arquitetura 265

7.5 Definição/criação do estilo de impressão 266

    7.5.1 Criando o arquivo PDF do seu desenho 275

    7.5.2 Imprimindo o arquivo PDF 277

CAPÍTULO 8: Despedida 279

CAPÍTULO 9: Referências 281

9.1 Normas Brasileiras 282

9.2 Livros 282

9.3 Sites 282

9.4 Outros 282

CAPÍTULO 10: Tabela de Comandos 283

INTRODUÇÃO

Para que se possa executar a construção de uma edificação com qualidade, seja ela de pequeno, médio ou grande porte, faz-se necessária à sua concepção, daí a importância dos projetos arquitetônicos, que podem ser definidos como a materialização gráfica de uma ideia imaginada cuja obra arquitetônica será concebida. Assim sendo, o desenho de arquitetura é a representação gráfica do que irá ser construído.

Os desenhos arquitetônicos devem conter todas as informações necessárias para que se possam ser completamente compreendidos e executados. Nele, são apresentados informações gráficas, representadas pelos desenhos técnicos utilizando plantas, cortes, elevações, perspectivas, fachadas, plantas humanizadas, detalhes, pontos elétricos e iluminação, elementos hidráulicos, quadro de esquadrias etc.

Neste livro, iremos instruir os leitores para a utilização das principais ferramentas e edição de desenhos no software Autodesk AutoCAD para a elaboração de um desenho arquitetônico utilizando as principais ferramentas do software para atingir um resultado profissional.

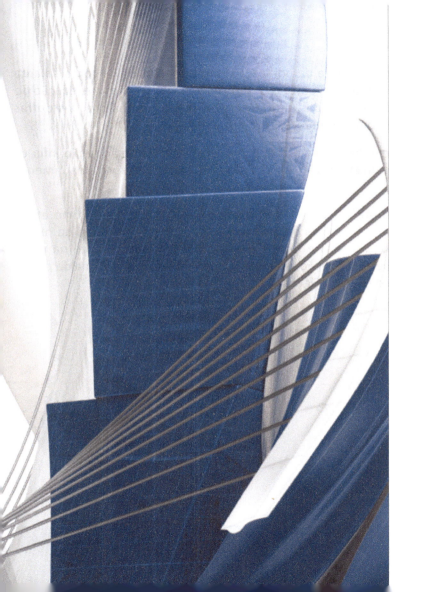

CAPÍTULO 1

PLANTA DE EDIFICAÇÃO

1.1 Conceito e finalidade da planta de edificação

Dentre os componentes de um desenho arquitetônico, a planta de edificação (também conhecida como "planta baixa") é uma das mais importantes, pois nela estão contidos grande parte das informações necessárias à execução do projeto. Também é a partir das informações dela que serão utilizadas para desenvolvimento da maioria das outras plantas (cortes verticais, planta de locação etc.) e projetos complementares (projeto elétrico e sanitário, etc.).

Nesta perspectiva, é possível afirmar que, a planta de edificação é a projeção horizontal da porção seção inferior resultante de um corte paralelo ao plano horizontal através da edificação, executado a uma altura de aproximadamente 1,50 m do nível-base do pavimento (Figura 1A).

Esta altura do plano também pode variar, alguns adotam 1,20 m, mas o importante é que esse corte atinja elementos importantes da edificação, como por exemplo as aberturas de portas e janelas. Para o desenho da planta baixa, você deverá imaginar a parte superior retirada do conjunto e fixar a atenção predominantemente na parte inferior (Figura 1B). Ao passar o plano horizontal de corte pela edificação, admite-se a retirada da parte acima do plano, sendo a planta baixa a vista superior da seção inferior da edificação (Figura 1C).

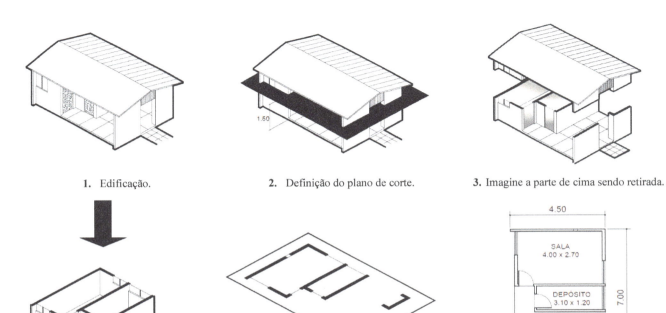

Figura 1. Sequência para obtenção da planta baixa. Fonte: adaptado de cadklein.com.br

A finalidade da planta de edificação é permitir a fácil visualização da distribuição interna dos ambientes e a localização de elementos importantes como pilares, portas, janelas e desníveis, facilitando assim a tanto a compressão de clientes quanto a execução do prédio. Sendo a planta de edificação a projeção da superfície horizontal do andar, nela somente serão apresentadas as cotas de largura e comprimento, com exceção das cotas de nível, que definirão detalhes de alturas de piso.

Além das diversas informações apresentadas em uma planta baixa, ela é a base para definição dos projetos de instalações hidráulicas, instalações elétricas, projeto estrutural, projeto de combate a incêndio, dentre outros.

Agora que temos os conceitos bem definidos, vamos iniciar a prática no AutoCAD!

1.2 Configuração das unidades de desenho

Antes de iniciar um projeto no AutoCAD, precisamos definir a unidade que será utilizada. O AutoCAD trabalha com unidades genéricas chamadas de Unidades de Desenho (u.d.), isso quer dizer que, é necessária a definição do que essa Unidade de Desenho irá representar no mundo real para que quando formos importar outros desenhos, o AutoCAD possa fazer a conversar correta das unidades.

Como trabalharemos em um desenho arquitetônico, recomenda-se que o desenho seja realizado em metros. Para configurar as unidades no AutoCAD, digite "**UN** → **ENTER**" e, uma caixa de diálogos será aberta para configurar as unidades conforme ilustrado ao lado.

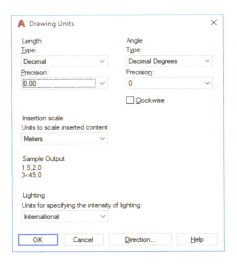

1.3 Como desenhar a planta de edificação?

Neste livro utilizaremos o desenho abaixo como referência para execução da planta de edificação e os demais desenhos arquitetônicos.

Antes de iniciarmos efetivamente o desenho iremos introduzir o conceito de camadas (layers), ferramentas uteis na elaboração e organização de desenhos arquitetônicos no AutoCAD.

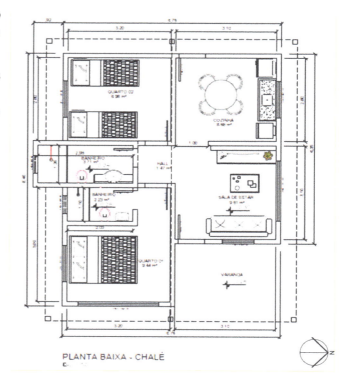

1.4 Uso de camadas para organização dos projetos arquitetônico

1.4.1 Aspectos gerais

A planta de uma edificação contém diversos elementos distintos, constituindo um todo complexo composto por paredes, portas, janelas, móveis, louça, cotas e textos. Esses elementos representados na planta encontram-se em níveis de visualização diferentes, alguns elementos seccionados pelo plano de corte, portanto mais próximo do observador, enquanto outros estão mais distantes.

Desta forma, é importante representar esses elementos utilizando linhas de espessura (peso) e tipos diferentes. No desenho tradicional, executado a mão com grafite, é comum utilizar lapiseiras com pontas de espessuras variadas, de forma a conseguir dar ao observador a sensação de profundidade.

No desenho no AutoCAD, é possível fazer algo semelhante, utilizando os **Layers** (Camadas), sendo possível desenhar cada tipo de objeto obedecendo padrões pré-definidos, com características diferentes, o que facilita a organização e visualização dos projetistas. No caso do desenho arquitetônico, podemos desenhar as alvenarias em uma camada, as portas e janelas em outra, o piso em outra e assim por diante.

Na prática, cada camada funciona como um tipo e transparência, em que apenas os objetos relacionados a ela são visualizados. Ao final, quando combinamos todas as camadas (empilhamos as transparências) é possível visualizar todo o projeto. As ferramentas de Camadas do AutoCAD estão disponíveis na aba **HOME**, categoria **Layers**.

1.4.2 Configuração das camadas

A criação e edição de camadas é realizada utilizando a ferramenta Gerenciador de Camada que pode ser acessado clicando o ícone **Layer Properties** ou simplesmente através do comando **LA** → **CONFIRMA**.

Acesse o Gerenciador de Camadas clicando diretamente sobre o ícone, ou digitando **"LA + ENTER"** na Caixa de Comando

Importante: Conforme dito no volume anterior, o **CONFIRMA** pode ser dado com **ENTER** ou **ESPAÇO**.

A seguir, será aberta uma caixa denominada *Layer Properties Manager* (Gerenciador de Propriedades da Camada). É nela onde definiremos todas as configurações de nossas camadas.

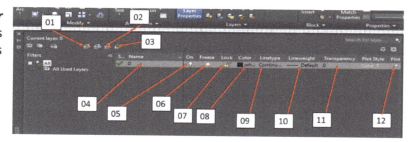

01 **Nova Camada** (*New Layer* – **Alt+N**): Cria uma nova camada;

02 **Apagar Camada** (*Delet Layer* – **Alt+D**): Deleta uma camada selecionada. **Obs.:** A camada "0" não pode ser apagada.

03 **Ativar Camada** (*Set Current* – **Alt+C**): Ativa a camada selecionada;

04 Nomear (Set Name): Nomeia uma nova camada, ou altera o nome de uma camada previamente nomeada.
Obs.: A camada "0" não pode ser renomeada.

05 💡 **Ligar Camada (On):** Liga e desliga camadas. Quando a camada está ligada é possível visualizar os objetos desenhados nela, destacando que, é importante esclarecer que o desligamento da camada não implica a sua exclusão, mas apenas "desliga" a sua visibilidade. Para alternar entre a ligado e desligado, basta clicar sobre o ícone da lâmpada. Quando esta estiver "acesa" indica que a camada está ligada (visível);

06 ☀ **Congelar Camada (Freeze):** Congela e descongela uma camada. Semelhante ao **Ligar**, quando se congela a camada ela deixa de estar visível; e além disso, a camada passa a "não existir" temporariamente, permitindo que o software não processe essa informação até você descongelar a camada, facilitando o processamento do computador. Para alternar entre congelar e descongelar uma camada basta clicar sobre o ícone correspondente;
Obs.: Não é possível congelar uma camada que esteja definida como "current".

07 🔒 **Bloquear Camada (Lock):** Bloqueia ou desbloqueia uma camada. Ao ser bloqueada, os objetos desenhados na camada permanecerão visíveis, mas impossibilitados de serem manipulados ou alterados; e para alternar entre o bloqueio e o desbloqueio da camada basta clicar sobre o ícone em forma de cadeado;

08 Cor da Camada (Color): Altera a cor da camada. Todos os objetos desenhados na camada selecionada terão a cor definida pelo projetista. Esta é uma das principais funcionalidades do desenho em camadas, pois permite a organização dos objetos em função de suas cores, facilitando a interpretação e visualização por parte do desenhista; e para alterar a cor da camada basta clicar sobre o ícone e selecionar a cor desejada dentre as disponíveis na lista. Todas as cores dessa lista são dadas por códigos, sendo algumas também dadas por nomes;

09 Tipo de Linha (Linetype): Permite Alterar o tipo de linha da camada (tracejada, contínua, pontilhada e etc.), estendendo o padrão selecionado para todos os objetos desenhados na mesma, ressaltando que, todos os objetos desenhados na camada selecionada terão o padrão de linha definido pelo projetista. Para alterar o tipo de linha da camada basta clicar sobre o ícone e selecionar o padrão desejado dentre as disponíveis na lista que aparecerá;

10 Espessura da Linha (Lineweight): Altera a espessura da linha da camada, possibilitando utilizar linhas mais espessas para os objetos que são interceptados pelo plano de corte, como alvearias, e linhas mais finas para objetos que estão mais distantes do observador, como as linhas do piso. Para alterar a espessura da linha da camada basta clicar sobre o ícone e selecionar a espessura desejada dentre as disponíveis na lista que aparecerá. Nos tópicos seguintes abordaremos com mais detalhes a escolha da espessura de linha para as camadas e suas implicações;

11 Transparência da Camada (Transparency): Altera a transparência da camada. A transparência pode variar de 0 (objeto totalmente opaco) a 90 %.

12 Impressão da Camada (Plot): Permite ou bloqueia a impressão dos objetos desenhados em uma camada. É comum permitir que todas as camadas sejam impressas. Todavia, em alguns casos, podem ser adicionadas observações e notas que o projetista não deseja imprimir. Para estas situações deve-se bloquear a impressão 🖶 o que pode ser feito apenas com um clique.

Para facilitar a compreensão, vamos configurar uma camada desde o início. As características desta camada podem ser vistas logo abaixo (as configurações que não forem citadas não devem ser alteradas).

NOME	COR	TIPO	ESPESSURA
TESTE	1 (vermelho - red)	divide	0,5

Primeiramente, clique no ícone *New Layer* ou tecle Alt + ENTER para criar uma nova camada. Em seguida, clique sobre a caixa de texto abaixo da coluna NAME para iniciar a edição do texto. Agora basta digitar o nome da camada em questão.

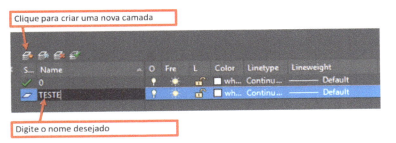

Para definir a cor da camada clique sobre o ícone colorido com indicado na figura a seguir, abrindo uma nova caixa de seleção com várias cores disponíveis. Para selecionar a cor desejada basta clicar sobre umas das diversas disponibilizadas ou digitar seu número correspondente na caixa de texto "color". No nosso exemplo optamos pela cor vermelha (cor número 1).

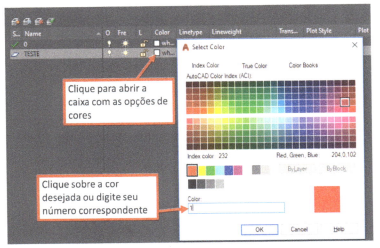

CAPÍTULO 1   21

Para escolher o tipo de linha **DIVIDE**, siga os passos descritos na ilustração que segue:

O passo seguinte é a definição da espessura da linha. Siga os passos apresentados e escolha a espessura 0.5.

Dica! O AutoCAD possui uma camada inicial pré-configurada nomeada apenas como "0" (zero). Esta camada não pode ser renomeada, congelada ou apagada. Desta forma, deve-se evitar utilizá-la.

Agora que você já sabe criar e configurar camadas no AutoCAD, crie algumas para o desenvolvimento da planta de edificação, conforme descrito no Quadro a seguir:

NOME (NAME)	COR (COLOR)	TIPO (LINETYPE)	ESPESSURA (LINEWEIGHT)	PLOT	DESCRIÇÃO
AUXILIAR 1	1	CONTINUE	0.09	YES	Elementos sem categoria definida
COTAS	1	CONTINUE	0.09	YES	Cotas e linhas de chamada
ESQUADRIAS	2	CONTINUE	0.20	YES	Portas e janelas
ESTRUTURA	5	CONTINUE	0.50	YES	Vigas, pilares, lajes, vergas e contravergas
HACHURAS	8	CONTINUE	0.05	YES	Pisos e Hachuras em geral
BLOCOS	8	CONTINUE	0.20	YES	Blocos em geral
CORTE	1	ACAD_ISO 10W100	0.09	YES	Linha para marcação de cortes
PAREDES_CORTADAS	4	CONTINUE	0.40	YES	Alvenaria cortada (planta baixa e cortes)
PAREDES_VISTAS	1	CONTINUE	0.15	YES	Alvenarias não cortadas vistas em 2° plano ou mais distante
PROJECAO	1	HIDDEN	0.09	YES	Projeção de cobertura e raio de giro de portas
TEXTOS	2	CONTINUE	0.20	YES	Textos gerais
VIEWPORT	6	CONTINUE	DEFAULT	NO	Composição de layout para impressão

1.5 Desenhando a planta de edificação

Para iniciar o desenho da planta de edificação modelo siga os passos a seguir e lembre-se de utilizar as camadas sugeridas no quadro anterior.

1° Passo: desenhe o controrno das paredes externas da edificação.

Selecione a camada "PAREDES_CORTADAS".

2°
Agora ative a ferramenta Polilinha, através do atalho "PL" + ENTER.

3°
Clique primeiro no ponto 1 (P1) e siga informando as dimensões de cada um dos lados.

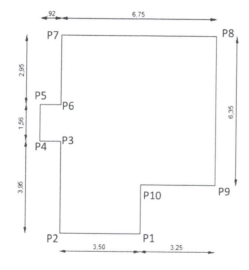

24   AUTOCAD NA PRÁTICA: VOLUME 2 – DESENHO ARQUITETÔNICO

2° Passo: desenhe o contrrorno das paredes internas da edificação.

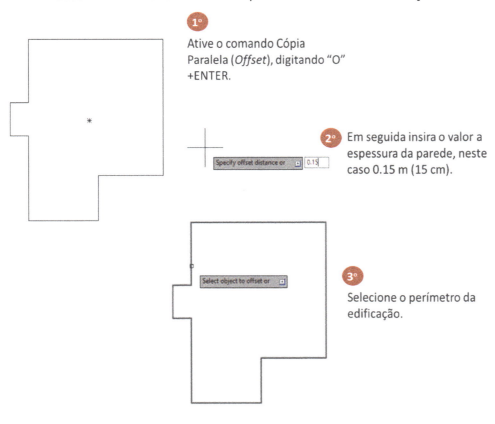

1° Ative o comando Cópia Paralela (*Offset*), digitando "O" +ENTER.

2° Em seguida insira o valor a espessura da parede, neste caso 0.15 m (15 cm).

3° Selecione o perímetro da edificação.

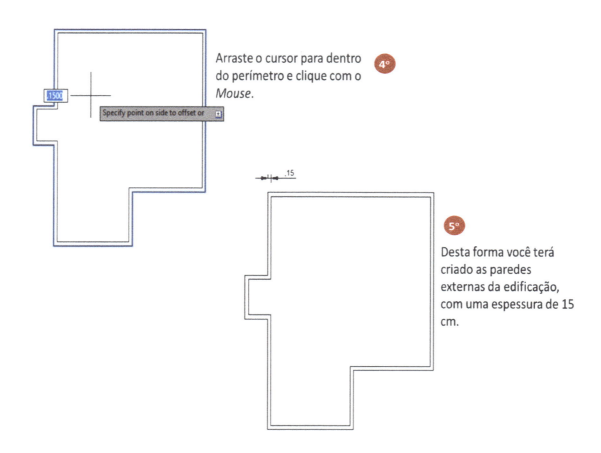

4º Arraste o cursor para dentro do perímetro e clique com o *Mouse*.

5º Desta forma você terá criado as paredes externas da edificação, com uma espessura de 15 cm.

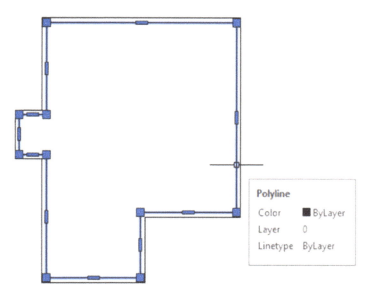

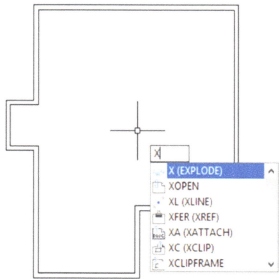

6º Clique na linha da parede. Você verá que todas as linhas estão unidas como um único objeto. Isto não é adequado para o nosso projeto!

7º Para separar as linha, utilize a Ferramenta Explodir através do atalho "X" + ENTER.

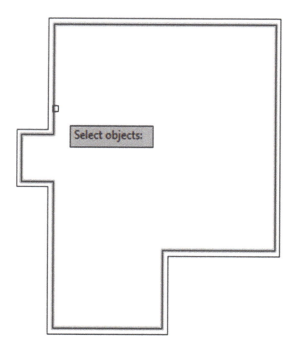
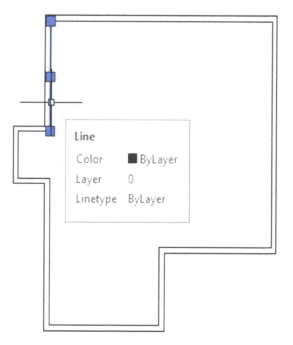

8º Após ativar o comando, clique sobre as linhas da parede e confirme pressionando ENTER.

9º Clique novamente nas linhas, e você verá que cada linha se tornou um objeto separado.

3º Passo: desenhe as paredes internas da edificação.

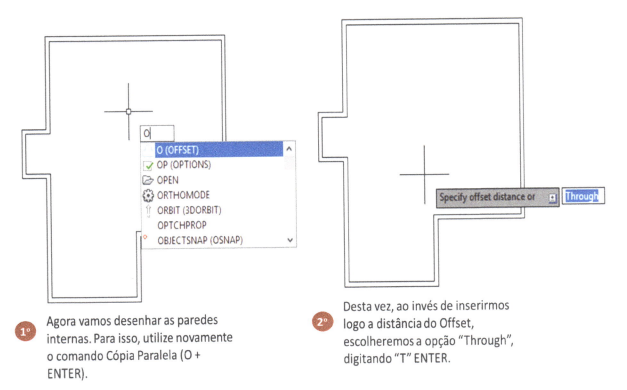

1º Agora vamos desenhar as paredes internas. Para isso, utilize novamente o comando Cópia Paralela (O + ENTER).

2º Desta vez, ao invés de inserirmos logo a distância do Offset, escolheremos a opção "Through", digitando "T" ENTER.

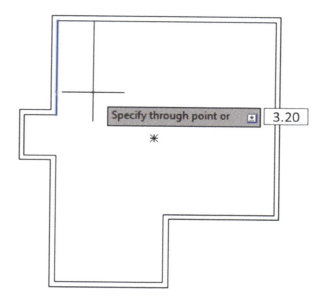

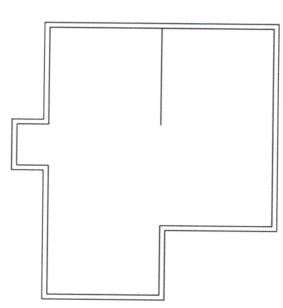

3º Selecione a linha de referência (face interna da parede).

4º Agora, basta arrastar o cursor para o sentido desejado e digitar a dimensão do cômodo, neste caso 3.20 m.

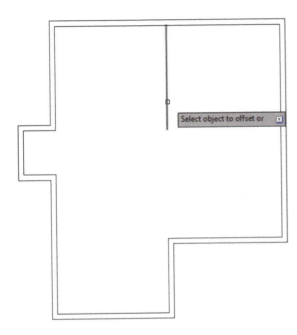

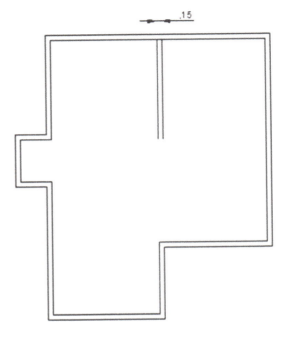

5º Uma nova linha será criada! Não saia do comando. Selecione a linha recém criada e insira o valor da espessura (0.15).

6º Desta forma a espessura da parede será criada. Continue selecionando cada uma das linhas internas e inserindo as dimensões correspondentes.

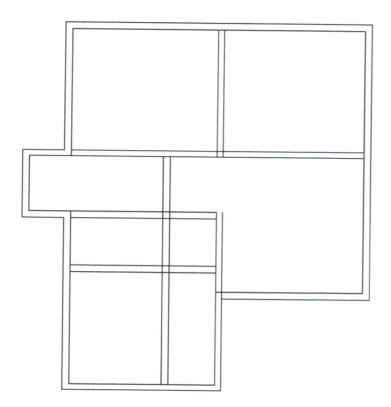

 Ao final este será resultado. Repare que todos os cômodos foram delimitados, mas ainda existem linhas se cruzando e cantos abertos. Resolveremos isso utilizando o comando "Aparar/Estender".

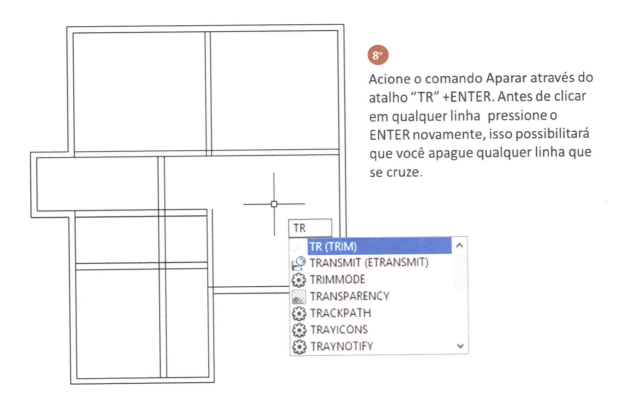

8º

Acione o comando Aparar através do atalho "TR" +ENTER. Antes de clicar em qualquer linha pressione o ENTER novamente, isso possibilitará que você apague qualquer linha que se cruze.

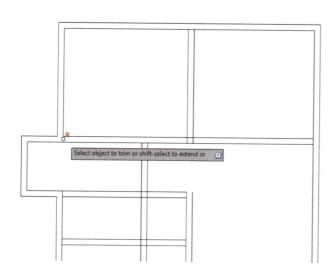

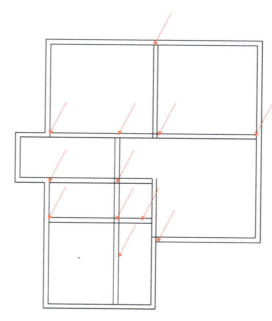

9º Com o "Trim" ativado, clique sobre as linhas que se cruzam. Você perceberá que ao clicar, as linhas são "aparadas".

10º Clique sobre todas as linhas que se cruzam, conforme destacado pelas setas vermelhas

O desenho a seguir deve ser o resultado final destes passos. É provavel que algumas linhas não sejam aparadas com o "TRIM". Isso ocorre quando as linhas selecionadas não se cruzam e, se isto acontecer, basta selecionar a linha e deletar.

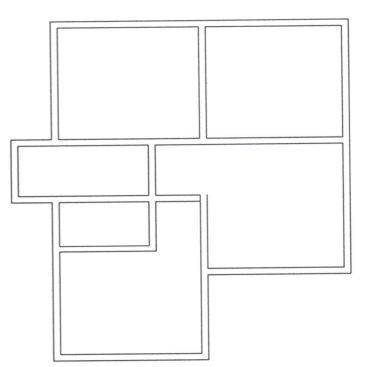

Quando há cantos abertos, como no exemplo a seguir, basta utilizar a ferramenta **TRIM (TR)** pressionando a tecla **Shift**.

Agora todas as paredes da edificação estão desenhadas.

Deste modo, o comando ao invés de aparar irá estender as linhas selecionadas:

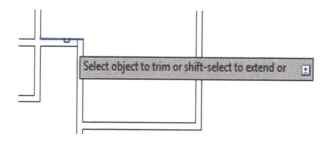

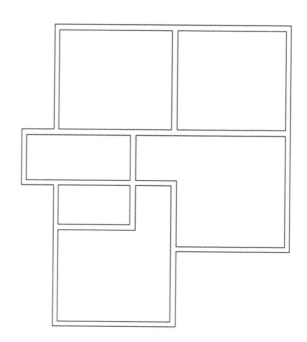

4° Passo: Localize e desenhe as aberturas aonde serão instaladas as portar da edificação.

1°

Primeiramente precisamos desenhar as "bonecas".
Desenhe um linha de referência com o comando "Linha", através do atalho "L" + ENTER.

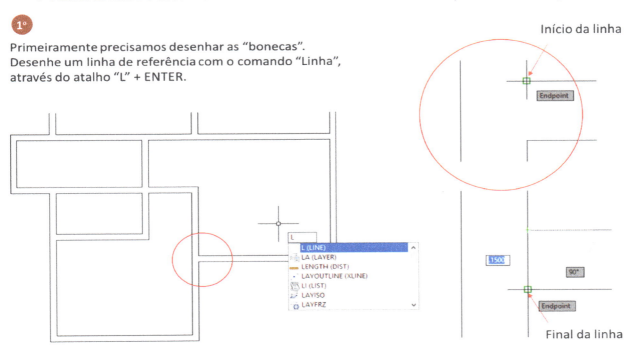

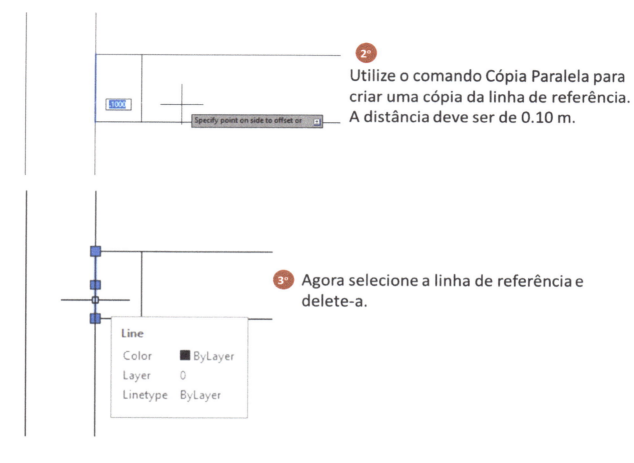

2º Utilize o comando Cópia Paralela para criar uma cópia da linha de referência. A distância deve ser de 0.10 m.

3º Agora selecione a linha de referência e delete-a.

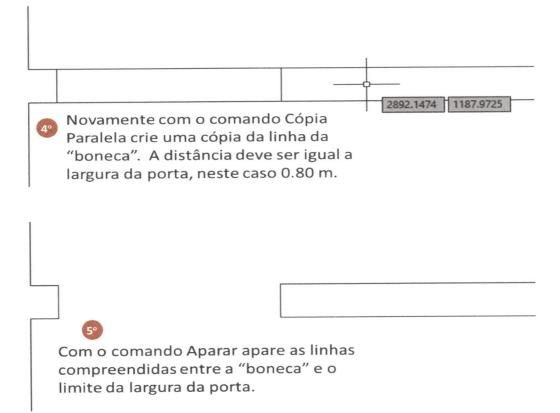

4º Novamente com o comando Cópia Paralela crie uma cópia da linha da "boneca". A distância deve ser igual a largura da porta, neste caso 0.80 m.

5º Com o comando Aparar apare as linhas compreendidas entre a "boneca" e o limite da largura da porta.

Repita as etapas do 4° passo para construir todas as portas. Lembre-se que a passagem entre a sala e a cozinha é apenas um vão, então não existe aí a representação gráfica da boneca.

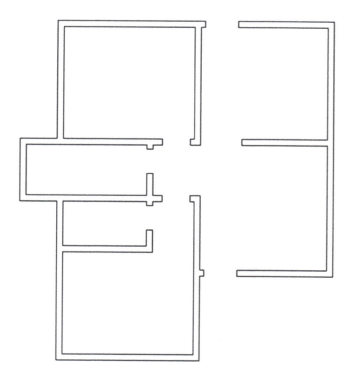

5° Passo: Localize e desenhe as aberturas onde serão instaladas as janelas da edificação.

1° Para representar a abertura das janelas utilize o comando Linha. Utilize como referência o ponto médio da linha interna da parede.

2° Use o comando Cópia Paralela para criar as linhas do limite da janela, tomando como referência a linha central central da janela. A distância (para cada lado) deve ser igual a metade da largura da janela, neste caso 1.25 m.

3° Com o comando Aparar apare as linhas compreendidas entre as laterais da janela e delete a linha central.

Repita as etapas do **5° passo** para construir todas as janelas. Lembre-se que existem janelas altas e janelas baixas, que possuem representações gráficas diferente e usam camadas diferentes.

Para as janelas altas (altura de peitoril superior a 1.50 m), deve-se manter as linhas laterais da parede, uma vez que as mesmas não são cortadas.

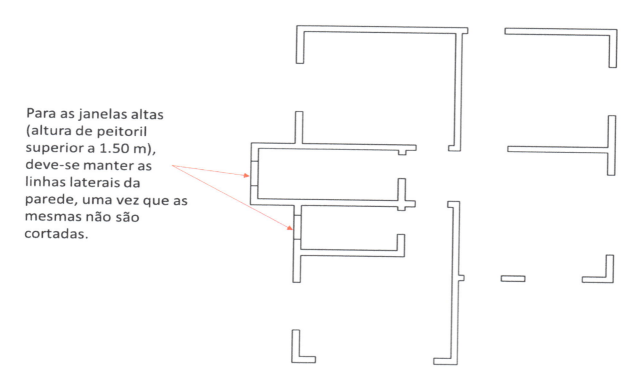

6° Passo: Desenhe e insira as folhas das portas.

Para isso, selecionaremos a camada "ESQUADRIA" e a ferramenta Retângulo, através do atalho "REC" + ENTER.

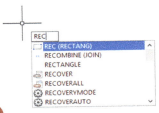

2°

Após acionar o comando, clique em um ponto qualquer da tela e insira os valores das dimensões da porta.
Deve-se lembrar que o primeiro valor diz respeito a dimensão horizontal, e o segundo valor diz respeito a dimensão vertical.

Neste caso, o primeiro valor dirá respeito a espessura da porta (0.03 m), enquanto o segundo valor refere-se a largura da mesma (0.80 m).

Lembre-se que as casas decimais devem ser separadas por "ponto" e as dimensões devem ser separadas por "vírgula".

Exemplo: 0.03,0.80

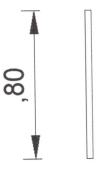

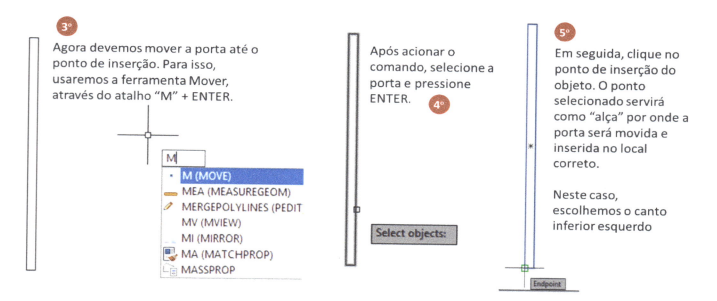

3º Agora devemos mover a porta até o ponto de inserção. Para isso, usaremos a ferramenta Mover, através do atalho "M" + ENTER.

4º Após acionar o comando, selecione a porta e pressione ENTER.

5º Em seguida, clique no ponto de inserção do objeto. O ponto selecionado servirá como "alça" por onde a porta será movida e inserida no local correto.

Neste caso, escolhemos o canto inferior esquerdo

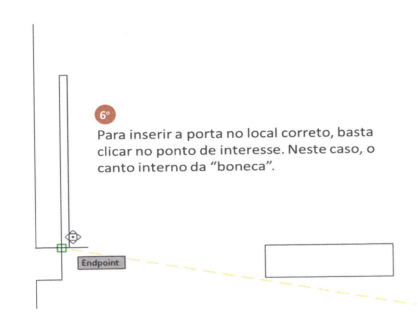

6º
Para inserir a porta no local correto, basta clicar no ponto de interesse. Neste caso, o canto interno da "boneca".

Repita as etapas do 6° passo para construir e inserir as folhas de todas as portas. Lembre-se que todas portas têm a mesma espessura, mas as larguras podem variar de 0,60 m (porta de banheiro), 0,70 m (porta interna) e 0,80 m (porta de entrada). Se as portas forem inseridas na posição horizontal, utilize o comando **ROTATE (RO → CONFIRMA)**.

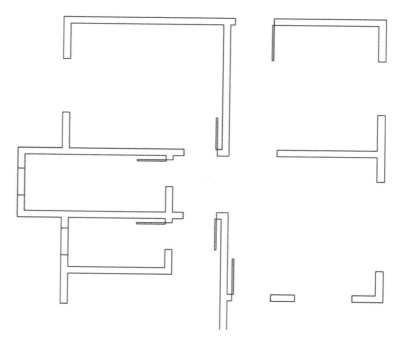

Dica! Essas larguras de porta são as comumente utilizadas, no entanto não são uma regra. A escolha vai depender das necessidades de cada cliente, principalmente quando falamos de acessibilidade! Fique ligado!

7° Passo: Desenhe o raio do giro das portas.

1° Para desenhar o raio de giro das portas, selecione a camada "ESQUADRIAS", e utilize o comando Arco através do atalho "A" + ENTER.

2° Uma vez acionado o comando, deve-se clicar em três pontos de referência para criação do arco, conforme demonstrado na figura ao lado.

Repita as etapas do **7° passo** para desenhar o raio de giro de todas as portas!

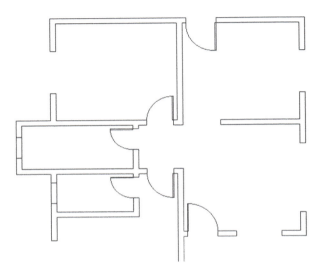

8° Passo: Desenhe as janelas.

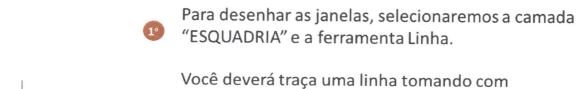

Para desenhar as janelas, selecionaremos a camada "ESQUADRIA" e a ferramenta Linha.

Você deverá traça uma linha tomando com referência os pontos centrais das paredes onde a janela será instalada, conforme apresentado na figura abaixo.

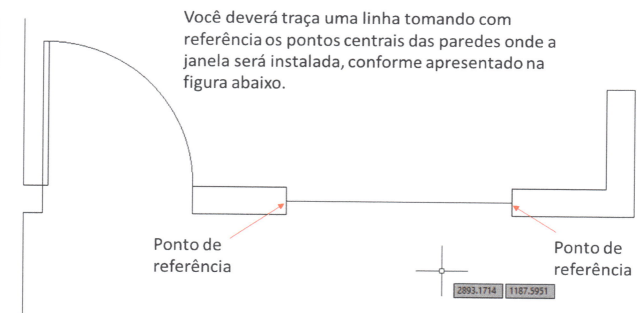

1º Com o comando Cópia Paralela crie cópias acima e abaixo da linha central. Como a espessura total da janela é de 0.04m, o valor fornecido deverá ser de 0.02m.

2º Selecione e delete a linha central.

3º Com a camada "PAREDES_VISTAS", crie linhas para representar o peitoril, conforme destacado a figura abaixo.

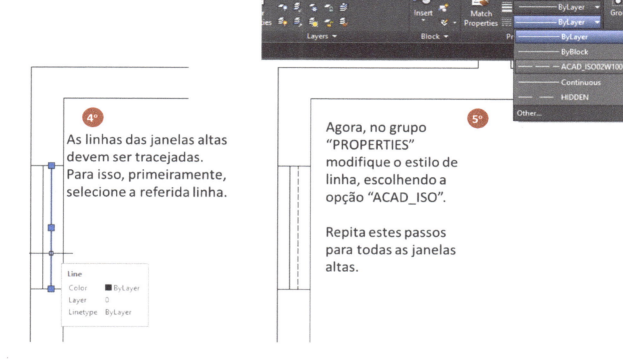

4º As linhas das janelas altas devem ser tracejadas. Para isso, primeiramente, selecione a referida linha.

5º Agora, no grupo "PROPERTIES" modifique o estilo de linha, escolhendo a opção "ACAD_ISO".

Repita estes passos para todas as janelas altas.

9° Passo: Insira as hachuras para representar as áreas molhadas como banheiros e cozinhas.

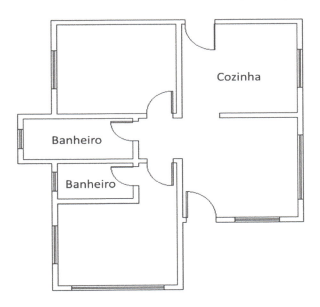

1° Selecione a camada "HACHURAS" e utilize comando Linha para delimitar as áreas que serão hachuradas, conforme destacado abaixo

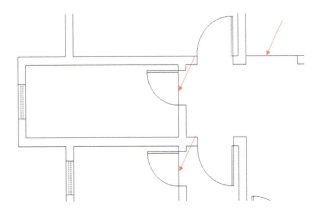

CAPÍTULO 1 **51**

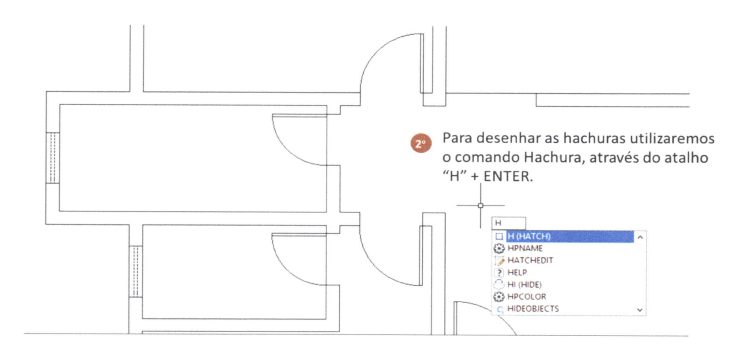

2º Para desenhar as hachuras utilizaremos o comando Hachura, através do atalho "H" + ENTER.

3º

Após acionar o comando, selecione o padrão de hachura desejado. Neste caso usaremos o padrão "NET"..

4º Após definido o padrão, clique dentro das áreas onde se deseja aplicar a hachura.

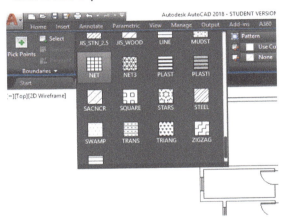
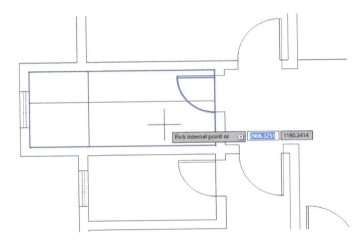

CAPÍTULO 1   53

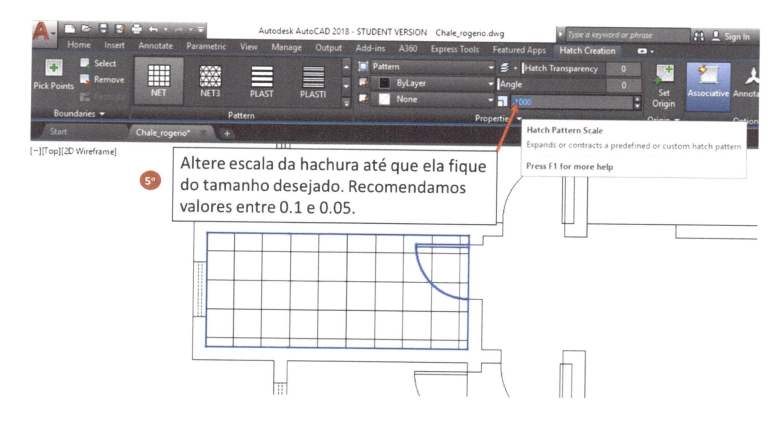

Repita as etapas do **9º passo** e aplique as hachuras nos ambientes das áreas molhadas. Este deverá ser o resultado:

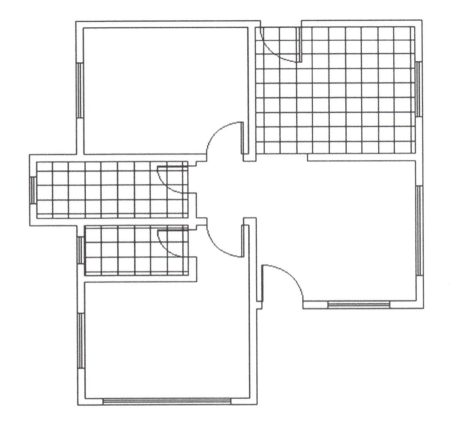

10° Passo: Desenhe a projeção da cobertura.

1° Agora iremos desenhar a projeção da cobertura. Selecione a camada "PROJECAO", acione o comando Retângulo.

2° Inicie o retângulo no ponto de "encontro" entre o prolongamento das alvenarias.

3° Finalize o retângulo neste ponto.

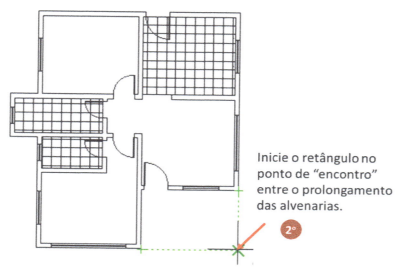
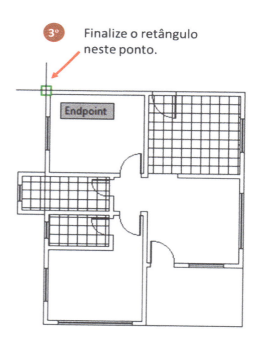

4º Com o comando Cópia Paralela crie uma cópia do retângulo, com uma distância de 0.50 m.

5º Em seguida, selecione e delete o primeiro retângulo criado.

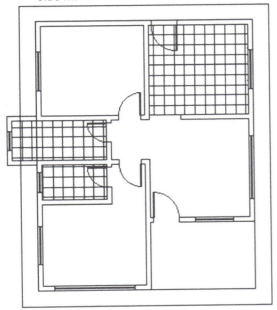
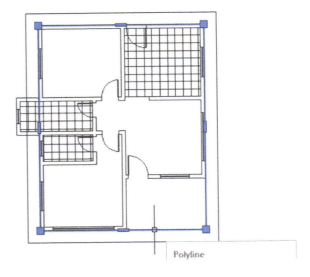

6º
Com o comando Aparar apague as linhas de projeção que passam por cima do banheiro. Neste local será instalada caixa d'água.

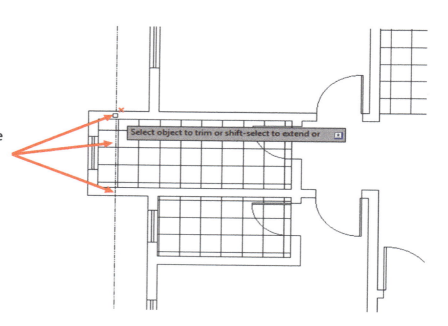

Este deve ser o resultado da planta com a projeção da cobertura.

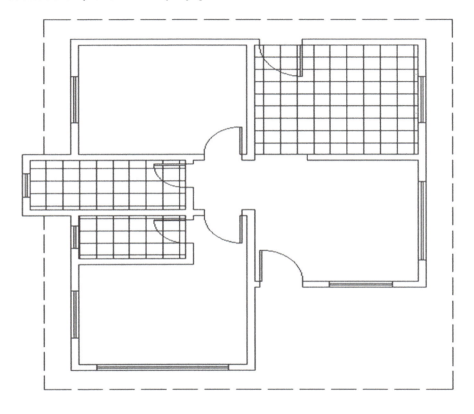

7º

Selecione a camada "ESTRUTURA" para desenhar os pilares. Cada pilar será desenhado com a ferramenta Retângulo e medirá 0.20 x 0.20 m

0.20 x 0.20

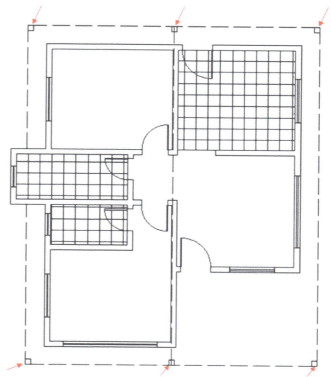

8º

Insira os pilares no pontos indicados pelas setas vermelhas.

Pronto! As informações básicas do desenho da planta de edificação está finalizado. Entretanto, ainda precisamos incluir blocos, cotas e texto de um projeto. Além disso, iremos resumir algumas informações sobre as principais normas aplicadas ao desenho técnico, a qual abordaremos a seguir.

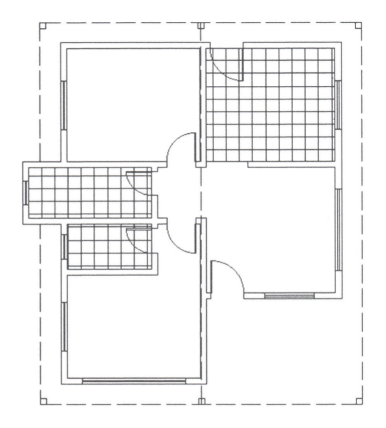

1.6 Criar e inserir blocos aos projetos arquitetônicos

1.6.1 Conceitos e funções dos blocos em desenho arquitetônico

É comum encontrar em projetos arquitetônicos e de engenharia de maneira geral, desenhos que representam móveis, peças sanitárias, metais, eletrodomésticos dentre outros. Estes elementos cumprem a função de facilitar a interpretação do desenho, indicando a posição mais adequada de elementos como tomadas, pontos de luz, torneiras, entre outros.

Considerando que, alguns elementos são representados repetidas vezes durante a elaboração dos desenhos, cria-los repetidas vezes seria demasiadamente trabalhoso. Para evitar esses retrabalhos utilizam-se os chamados "BLOCOS" que, são figuras geométricas agrupadas para formar objetos complexos que podem ser reutilizados diversas vezes no desenho.

1.6.2   Criando/Escrevendo Blocos

"Criar" um bloco é o ato de selecionar vários elementos desenhados e agrupa-los em um único, fazendo com que eles sejam agrupados em um bloco. Isso, facilita a utilização ações de mover, copiar, escalonar, por exemplo. Quando criamos um bloco, ele fica "armazenado" dentro do arquivo que estamos desenhando, dessa forma, fica disponível mesmo depois de apagarmos da área do desenho.

Quando falamos em "escrever" um bloco quer dizer que além de criarmos um bloco dentro do desenho, temos a possibilidade de salva-lo em um arquivo externo, o que permite que possa ser importado e que seja utilizado em outros desenhos.

Para criar ou escrever um bloco em um desenho devemos escolher o elemento que se deseja converter em Bloco.

> **Dica!** Aquela unidade de medida padrão que fizemos no início do livro vai fazer a diferença aqui! Ela vai servir de referência tanto para criar/escrever o bloco quanto para a importação correta.

Utilizaremos como exemplo a porta de giro de uma planta de edificação:

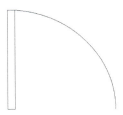

As ferramentas relacionadas criação de Blocos podem ser encontradas na aba "INSERT", em que há duas opções de criação de blocos *Create Block* (Criar Bloco) e *Write Block* (Escrever Bloco), conforme ilustração seguinte:

A diferença entre elas é que ao **criar um bloco** o mesmo só poderá ser utilizado no projeto onde o respectivo bloco foi criado, enquanto que ao **escrever um bloco**, o mesmo será salvo em um arquivo separado e poderá ser reutilizado posteriormente em outros projetos. Por esta razão, recomendamos que, via de regra, opte-se pela ferramenta *Write Block*, que pode ser acionado clicando diretamente sobre o ícone ou digitando **W → CONFIRMA**. Após ativar a ferramenta, surgirá uma nova caixa de diálogo.

Para criar ou escrever um bloco em um desenho siga os passos a seguir:

1° Passo: clique na opção *select objects* e em seguida selecione os elementos que irão compor o Bloco e confirme a seleção com um CONFIRMA no seu teclado.

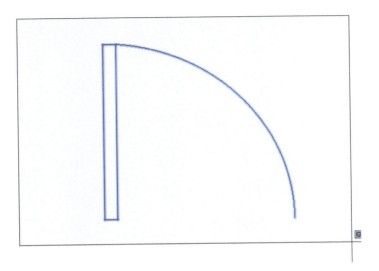

2° Passo: O AutoCAD irá retornar na caixa de diálogo do *Write Block*, então você deve selecionar a opção *Pick point* para informar qual será o ponto de inserção do desenho. No nosso caso iremos utilizar o ponto de encontro entre a folha de porta e a caixa de porta (onde estão as dobradiças da porta).

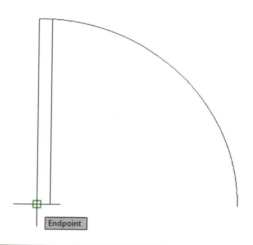

IMPORTANTE! Sempre defina um ponto de inserção. Caso você não faça isso, o programa irá tomar como referência a coordenada absoluta [0,0] do AutoCAD, então quando você for utilizar esse bloco, a inserção ficará comprometida.

3º Passo: Na caixa de diálogo do *Write Block*, em *File Name and Path*, clique nas reticências e defina a pasta de destino e o nome do bloco. É recomendado que você crie uma pasta específica só para armazenar os Blocos.

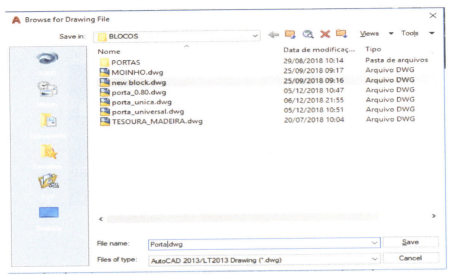

4º Passo: Para finalizar, clique em OK para encerrar o comando e salvar o Bloco. Pronto, o Bloco foi criado.

> **DICA!** Diversos sites disponibilizam Blocos gratuitos para AutoCAD. Experimente buscar por "Blocos CAD" no Google.

1.6.3 Inserindo Blocos

Para inserir os blocos criados utilize a ferramenta INSERT, que pode ser acessada também na aba "INSERT" clicando sobre o ícone indicado ou pelo atalho I → CONFIRMA e uma caixa de diálogos será aberta.

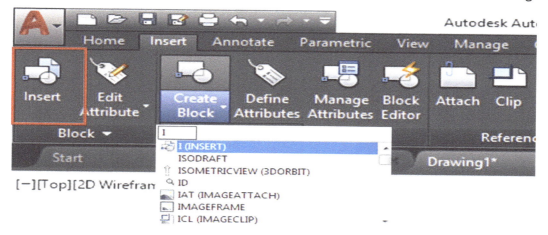

Para inserir o Bloco desejado, basta seguir os passos ilustrados a seguir:

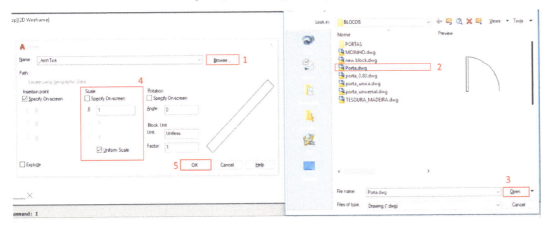

1. Clique em *Browse* para buscar a pasta onde o Bloco foi salvo;

2. Selecione o Bloco desejado;

3. Clique em *Open* para abrir o bloco;

4. Na opção *Scale* deixe marcado *Unifom Scale* e em "X" insira o valor 1;

5. Clique em Ok para inserir o Bloco no projeto; e

6. Agora, basta identificar o ponto exato onde se deseja inserir o Bloco clicando com o botão esquerdo do *MOUSE*.

Agora, que você aprendeu a criar e inserir blocos, complete a planta baixa desenhada utilizando blocos baixados da internet ou blocos criados por você!

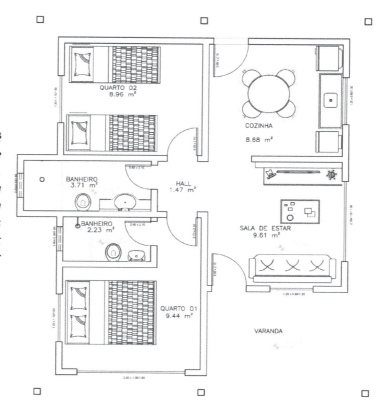

1.7 Normas aplicadas ao desenho técnico

É importante ressaltar que, um bom desenho técnico deve ser organizado, de fácil leitura e deve trazer um conjunto de informações que são necessárias para sua correta interpretação. Estas informações são expressas por meio de textos, cotas, legendas e símbolos. Destacando que, um desenho com informações omissas ou imprecisas tem grande chance de resultar em uma execução errada, tendo sua eficiência reduzida.

Agora, que você já conhece as principais ferramentas disponíveis para a produção do seu desenho está na hora de aprender a utilizá-las para produzir um material de fácil leitura, que possa ser reproduzido várias vezes, por profissionais de diversas áreas e com a menor margem de erro possível. Para isso é necessário padronizar certas práticas e representações que devem se tornar usuais no seu processo de desenho.

Existem atualmente várias instituições e sistemas que pretendem organizar um padrão de desenho técnico com abrangências que variam do nível local até o internacional. Os principais sistemas de uniformização com representação internacional são o sistema europeu **ISO (International Organization for Standardization)** e o sistema americano **ANSI (American National Standards Institute).**

No Brasil o órgão responsável por essa normalização é a **Associação Brasileira de Normas Técnicas (ABNT)**, que desenvolve estudos, parametriza e normatiza especificações técnicas reconhecidas pelo mercado, nas mais diversas áreas de produção, e fornece um conjunto de normas exigíveis para o desenho técnico que abrangem desde formatos do papel, passando por tamanho de letras, espaçamentos, tipos de linha, escalas e até símbolos gráficos. Toda essa padronização, tem como objetivo de termos um desenho que qualquer um possa ler sem ter dúvidas! A padronização então é um elemento essencial para um bom desenho técnico. O Quadro abaixo relaciona as principais normas aplicáveis ao desenho técnico atualmente em vigor no Brasil:

Norma	Título	Objetivo
NBR 8196/99	Desenho técnico - Emprego de escalas	Fixar as condições exigíveis para o emprego de escalas e suas designações em desenhos técnicos.
NBR 8403/84	Aplicação de linhas em desenhos - Tipos de linhas - Larguras das linhas	Fixar tipos e o escalonamento de larguras de linhas para uso em desenhos técnicos e documentos semelhantes.
NBR 8402/94	Execução de caractere para escrita em desenho técnico	Fixar as condições exigíveis para a escrita usada em desenhos técnicos e documentos semelhantes.
NBR 10067/95	Princípios gerais de representação em desenho técnico	Fixar a forma de representação aplicada em desenho técnico.
NBR 10068/87	Folha de desenho - Leiaute e dimensões	Padronizar as características dimensionais das folhas em branco e pré-impressas a serem aplicadas em todos os desenhos técnicos.
NBR 10126/87	Cotagem em desenho técnico	Fixar os princípios gerais de cotagem a serem aplicados em todos os desenhos técnicos.
NBR 10582/88	Apresentação da folha para desenho técnico	Fixar as condições exigíveis para a localização e disposição do espaço para desenho, espaço para texto e espaço para legenda, e respectivos conteúdos, nas falhas de desenhos técnicos
NBR 13142/99	Desenho técnico - Dobramento de cópia	Fixar as condições exigíveis para o dobramento de cópia de desenho técnico.

Ao longo deste capítulo, veremos como aplicar algumas dessas normas ao desenho arquitetônico no AutoCAD, de forma a garantir um produto de boa qualidade.

CAPÍTULO 2

ANOTAÇÕES DOS DESENHOS: TEXTOS E COTAS

Neste capítulo, daremos continuidade ao processo de desenho de uma residência e aprenderemos a criar e inserir informações de textos e cotas no mesmo.

2.1 Textos

2.1.1 Aspectos gerais

As principais exigências na escrita em desenhos técnicos são:

a) Legibilidade;
b) Uniformidade; e
c) Reprodução de desenhos sem perda da qualidade.

As dimensões dos caracteres (largura, espaçamento entre caracteres, linhas e palavras e, espessura da linha) são definidas com base na altura da letra maiúscula. A norma NBR 8402 apresenta uma tabela com as proporções e dimensões dos caracteres a serem utilizados no desenho à mão.

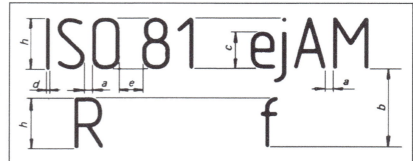

Fonte: NBR 8402/94

Como ainda não há uma norma técnica para as fontes utilizadas em projetos assistidos por computador, é possível convencionar a adoção das alturas de referência como parâmetro e a utilização de fontes de caracteres que atendam às proporções indicadas a fim de manter a legibilidade do desenho impresso, sendo as mais utilizadas ARIAL e ROMANS.

Assim, para a correta utilização dos tamanhos de letras e números nos programas CAD é fundamental ter em mente que essas alturas estabelecidas pela norma consideram sempre a altura da letra/número como aparecerá no papel impresso (chamado de "plotagem").

Como os textos e cotas são inseridos no Model Space é necessário configurar as alturas dos mesmos criando um "Text Style" (estilo de texto) e configurar o "Text Height" (altura do texto) de acordo com a escala que o desenho será impresso/plotado. A tabela a seguir mostra as alturas mais comumente utilizadas e o tamanho que deve ser configurado no AutoCAD em relação à escala desejada.

ALTURA IMPRESSA	TEXT HEIGHT												
	1:5	1:10	1:20	1:25	1:50	1:75	1:100	1:125	1:200	1:250	1:500	1:750	1:1000
2,0 mm	0.01	0.02	0.04	0.05	0.10	0.15	0.20	0.25	0.40	0.50	1.0	1.5	2.0
2,5 mm	0.0125	0.025	0.05	0.0625	0.125	0.1875	0.25	0.3125	0.50	0.625	1.25	1.875	2.5
3,0 mm	0.015	0.03	0.06	0.075	0.15	0.225	0.30	0.375	0.60	0.75	1.5	2.25	3.0
3,5 mm	0.0175	0.035	0.07	0.0875	0.175	0.2625	0.35	0.4375	0.70	0.875	1.75	2.625	3.5
4,0 mm	0.02	0.04	0.08	0.10	0.20	0.30	0.40	0.50	0.80	1.0	2.0	3.0	4.0
4,5 mm	0.0225	0.045	0.09	0.1125	0.225	0.3375	0.45	0.5625	0.90	1.125	2.25	3.375	4.5
5,0 mm	0.025	0.05	0.10	0.125	0.25	0.3750	0.50	0.625	1.0	1.25	2.5	3.75	5.0

2.2 Configurando estilos de texto

As ferramentas de texto do AutoCAD estão disponíveis na aba *ANNOTATE*, categoria Texto (*Text*).

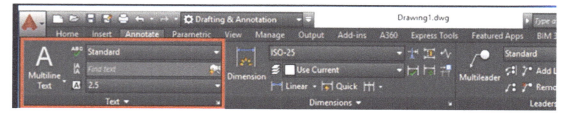

Para acessar a aba de configuração de estilos de texto AutoCAD pode-se ir diretamente na aba ANNOTATE, na categoria Text, e clicar sobre o ícone em forma de seta no canto inferior direito da referida categoria ou simplesmente através do comando **ST → CONFIRMA**".

Clique sobre o ícone em forma de seta no canto inferior direito categoria *Text* digite "ST + *ENTER*".

Será aberta uma caixa denominada Estilo de Texto (*Text Style*). Nela você definirá todas as configurações dos estilos de texto, conforme ilustração a seguir:

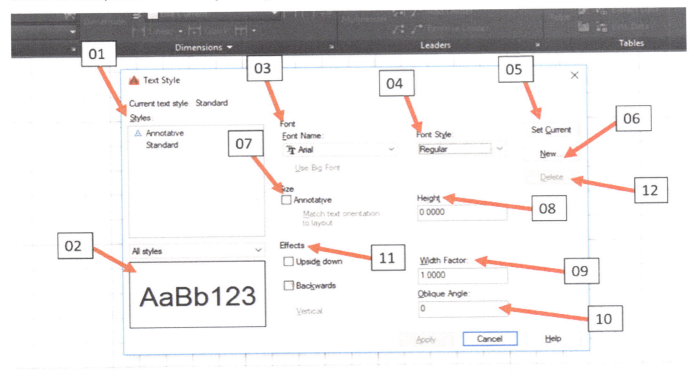

Ícone 01 (Styles): Apresenta todos os estilos de texto disponíveis para seleção. Em sua configuração padrão o AutoCAD possui dois estilos de textos pré-definidos: Standard e Annotative;

Ícone 02 (Display Samples): Mostra as características visuais do estilo de texto de selecionado;

Ícone 03 (Font): Permite a seleção da fonte para o texto. No caso dos textos para desenho técnico, recomenda-se o uso de fontes mais simples, como o Arial ou Roman, devendo-se evitar fontes mais rebuscadas e/ou com enfeites demais que possam gerar erros de interpretação;

Ícone 04 (Font Style): Permite escolher se o texto ficará regular, negrito ou em itálico;

Ícone 05 (Set Current): Torna o estilo de texto corrente;

Ícone 06 (New): Cria um novo estilo de texto;

Ícone 07 (Annotative): Permite a criação de textos Anotativos. Este assunto será abordado posteriormente, mas, em geral, deve-se manter esta alternativa **desmarcada**;

Ícone 08 (Height): É utilizada para definir a altura do texto. Esta altura será definida em função do tipo de texto que se deseja utilizar e da escala na qual o projeto será impresso;

Ícone 09 (Width Factor): Define a largura da fonte. Normalmente mantém-se este valor igual a 1 (um);

Ícone 10 (Oblique Angle): Permite definir o ângulo de inclinação para as letras do texto. Normalmente mantém-se este valor igual a 0 (zero);

Ícone 11 (Effects): Permite criar efeitos no texto, mais especificamente, escrever de "cabeça para baixo" (Upside down), ou "de trás para a frente" (Backwards); e

Ícone 12 (Delete): Permite deletar um estilo de texto criado.

Para configurarmos um estilo de texto no AutoCAD, temos que ter em mente qual a altura do texto que desejamos após o projeto ser impresso, e em qual escala vamos imprimir. Neste exemplo, vamos configurar um estilo de texto, desde o início, considerando que este texto terá **5 mm** de altura quando impresso em uma escala **1:50**. Procedimentos:

1° Clique no ícone Novo (*New*) para criar um novo estilo de texto.

2° Surgirá uma nova caixa de seleção denominada "Novo Estilo de Texto" (*New Style Text*). No espaço indicado, digite o nome desejado. Recomenda-se sempre nomear os estilos de textos de acordo com suas características, de modo a facilitar sua identificação.

3° Assim, considerando que o nosso texto terá 5 mm de altura, e que será impresso na escala 1:50, nomearemos nosso novo estilo de texto como "5_1-50", clicando no "*OK*" logo em seguida.

Para definir a fonte que será utilizada em nosso estilo de texto, basta clicar na caixa de opções disponíveis logo abaixo da coluna "Fonte" (*Font*). Recomenda-se uma fonte simples, que não dificulte a interpretação do desenho.

Neste exemplo escolhemos a fonte "Arial". Após definir a fonte, escolha a opção Regular em Estilo da Fonte (*Font Style*), conforme demonstrado na ilustração a seguir:

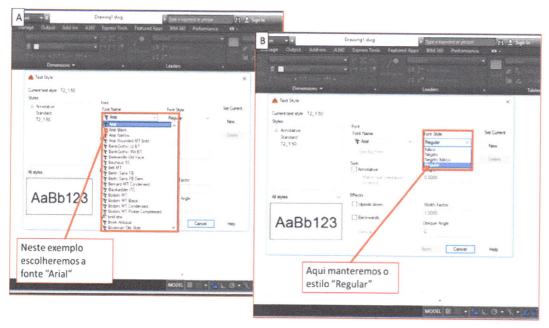

2.2.1 Definindo a altura do texto

Esta é a etapa mais importante do processo de criação de estilos de textos. Para definir a altura do texto, utilize a equação abaixo:

em que:

$$H = \frac{E \; x \; h}{F}$$

- H = Altura do texto na configuração (*Heigth*);
- E = Módulo da escala que será adotada para impressão;
- h = Altura do texto que se deseja após a impressão;
- F = Fator de conversão da unidade de desenho para milímetros.

Utilizaremos como exemplo o nosso estilo de texto. Neste caso, queremos que quando o projeto seja plotado na escala 1:50, o nosso texto tenha 5 mm de altura. Considerando o metro como a nossa unidade de desenho, o módulo de escala (E) é igual a 50, então a altura de texto desejada após a impressão (h) é igual 5 e, ainda, o fator de conversão da unidade de desenho para milímetros (F) é 1000, uma vez que cada metro equivale a 1000 milímetros. Desta forma temos:

$$H = \frac{50 \; x \; 5}{1000}$$

$$H = 0,25$$

Uma vez calculada a altura do texto (H), deve-se preencher o campo correspondente com o "*Height*" e clicar na opção "*Apply*" para salvar e finalizar as configurações de texto.

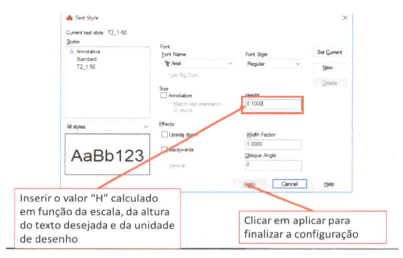

O Quadro a seguir mostra as alturas comumente utilizadas e o tamanho que deve ser configurado no AutoCAD em relação à escala desejada.

Altura Impressa	Recomendações de Uso	\multicolumn{12}{c	}{Text Heigth no Model Space}
		1:5	1:10	1:20	1:25	1:50	1:75	1:100	1:125	1:200	1:250	1:500	1:750	1:1000
2,5 mm	Chamadas de detalhes	0,0125	0,025	0,05	0,0625	0,125	0,1875	0,25	0,3125	0,50	0,625	1,25	1,875	2,5
3,0 mm	Identificação de ambientes e áreas dos cômodos	0,015	0,03	0,06	0,075	0,15	0,225	0,30	0,375	0,60	0,75	1,5	2,25	3,0
5,0 mm	Título dos desenhos	0,025	0,05	0,10	0,125	0,25	0,3750	0,50	0,625	1,0	1,25	2,5	3,75	5,0

2.2.2 Inserindo textos no projeto

Inicialmente, ative a cama TEXTO. Para inserir os textos no seu projeto, certifique-se de que o estilo de texto desejado está ativo (corrente), e em seguida clique no ícone "*Multiline Text*" ou utilize o comando **T → CONFIRMA**".

Selecione o estilo de texto desejado

Clique no ícone ou ative a ferramenta através das teclas "T + ENTER"

Com a ferramenta de texto ativa, clique na tela criando um retângulo (caixa de texto) onde você deseja inserir a informação. Uma vez criada a caixa de texto, basta digitar a informação desejada, conforme imagem que segue.

Para sair da edição de texto, para clicar com cursor fora da caixa. Caso deseje ditar o texto já criado, basta clicar duas vezes com o cursor sobre o mesmo. É importante destacar que, assim como qualquer objeto criado no AutoCAD, pode ser modificado, copiado ou movido.

Clique na tela criando um retângulo onde o texto será inserido

Configure a orientação do texto da maneira que você preferir

Aumente ou diminua a caixa de texto clicando e arrastando este ícone

Insira o texto desejado e clique fora da caixa de texto para sair da ferramenta

2.3 Cotas de um desenho

2.3.1 Aspectos gerais

Um dos componentes mais importantes no desenho técnico, seja de uma edificação ou peça mecânica, diz respeito a adição de informações referentes às dimensões lineares e ângulos, etapa conhecida como "cotagem". A cotagem é a representação gráfica no desenho da característica do elemento utilizando linhas, símbolos, nota e valor numérico numa unidade de medida. Toda cotagem necessária para descrever uma peça ou componente deve ser claramente representada diretamente no desenho sendo localizada na vista ou corte que represente mais claramente o elemento.

A seguir, elencaremos algumas boas práticas para facilitar nosso entendimento e aplicação das cotas no desenho:

- Como regra, todas as cotas numéricas de mesma unidade não devem ter a unidade representada. Caso uma cota possua unidade diferente, essa sim deve ser representada para se diferenciar das demais.
- Deve-se cotar somente o necessário para descrever o elemento cotado;
- Nenhum elemento do objeto ou produto acabado deve ser definido por mais de uma cota; e
- Em cortes elevações devem aparecer apenas alturas dos elementos.

As partes integrantes das cotas são: linha auxiliar, linha de cota, limite da cota e a própria cota, ilustradas abaixo.

De acordo com as Normas Técnicas, as cotas devem seguir as seguintes orientações:

- As linhas auxiliares e de cotas são desenhadas como linhas estreitas contínuas;
- A linha auxiliar deve ser prolongada ligeiramente além da respectiva linha de cota. Um pequeno espaço (normalmente de 3 mm) deve ser deixado entre a linha de contorno e linha auxiliar;
- As linhas auxiliares e de cota, sempre que possível, não devem cruzar com outras linhas;
- A linha de cota não deve ser interrompida, mesmo que o elemento o seja;
- O cruzamento das linhas de cota e auxiliares devem ser evitados, porém, se isso ocorrer, as linhas não devem ser interrompidas no ponto de cruzamento;
- A linha de centro e a linha de contorno, não devem ser usadas como linha de cota, porém, podem ser usadas como linha auxiliar;
- A linha de centro, quando usada como linha auxiliar, deve continuar como linha de centro até a linha de contorno do objeto.

A indicação dos limites da linha de cota deve ter o mesmo tamanho num mesmo desenho e é feita por meio de setas cheias, ou setas formadas por linhas curtas em ângulos de 15° e colocadas entre as linhas de chamada, apontando para fora, no caso de desenhos mecânicos.

Traços oblíquos ou pontos, desenhado com uma linha curta e inclinado a 45°, no caso de desenho arquitetônico.

Quando houver espaço disponível, as setas de limitação da linha de cota devem ser apresentadas entre os limites da linha de cota.

Quando o espaço for limitado, as setas de limitação da linha de cota podem ser apresentadas externamente, no prolongamento da linha de cota, desenhado com esta finalidade.

Fonte: NBR 10126/87

2.3.2 Configuração de Cotas

A partir de agora, configuraremos um estilo de cota de acordo com as indicações de norma de desenho técnico para desenhos de arquitetura.

As ferramentas de cota do AutoCAD estão disponíveis na aba Annotate, categoria Dimension.

Para acessar a aba de configuração de estilos de cota no AutoCAD, pode-se ir diretamente na aba *ANNOTATE*, na categoria *DIMENSION*, e clicar sobre o ícone em forma de seta no canto inferior direito da referida categoria ou simplesmente através do comando **D → CONFIRMA**".

Clique sobre o ícone em forma de seta ou digite "D + ENTER"

Será aberta uma caixa denominada *"DIMENSION STYLE MANAGER"*.

É nesta caixa que serão definidas todas as configurações de estilos de cota, conforme detalhada a seguir:

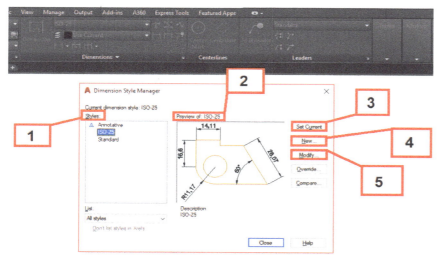

Ícone 1 (Styles): Apresenta todos os estilos de cota disponíveis para seleção. Em sua configuração padrão o AutoCAD possui três estilos de cota pré-definidos, os quais são: Annotative, ISO-25 e Standard;

Ícone 2 (Preview of): Mostra as características visuais do estilo de cota selecionado;

Ícone 3 (Set Current): Configura o estilo de cota como atual;

Ícone 4 (New): Cria um novo estilo de cota;

Ícone 5 (Modify): Permite modificar um estilo de texto já existente.

Para que possamos compreender melhor a configuração de cotas, iremos criar um novo estilo para escala 1:50. Inicialmente, clique no ícone **New** para criar um novo estilo e, em seguida, abrirá uma nova caixa de seleção denominada **Create New Dimension Style**.

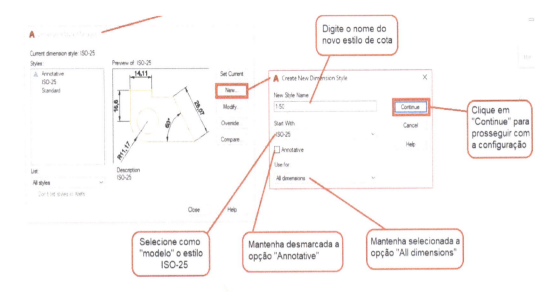

No espaço indicado, digite o nome desejado para o novo estilo de cota. Recomenda-se nomear de acordo com suas características, de modo a facilitar a identificação. Assim, considerando que o estilo é para desenhos que serão impressos na escala 1:50, o nome será "1-50". Após definir o nome do estilo de cota, deve-se selecionar o estilo que servirá como modelo para o novo estilo criado. Neste caso, será utilizado o estilo ISO-25, por possuir muitas semelhanças com o estilo de cota recomendado pela ABNT, o que nos poupará tempo para configuração. Após clicar em **Continue**, abrirá a janela New Dimension Style.

Na parte superior direita irá ter um desenho cotado. Essa é a pré-visualização das configurações da cota. Ela somente representará o resultado final após configurarmos todas as abas, então não se preocupe se ao longo do processo não ficar com a representação correta, mas tenha cuidado para configurar corretamente os padrões.

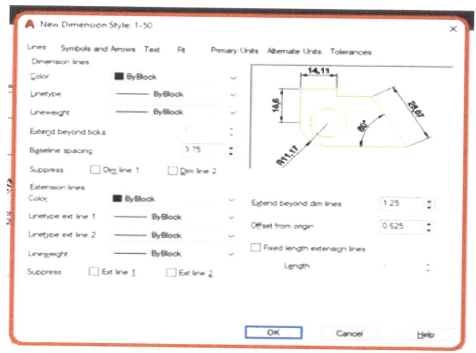

Na aba *LINES* nós iremos configurar as linhas de dimensão e linhas de extensão das cotas. Configure sua cota conforme as ilustrações e orientações a seguir.

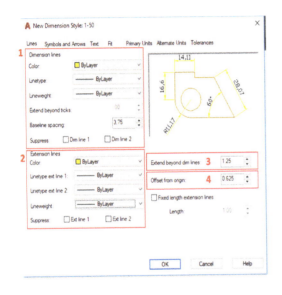

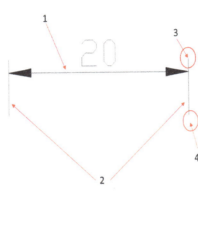

Orientações:

1 (Dimension Lines): Linha de dimensão ou linha de cota. Deve ser especificada como ByLayer (igual a camada) e não deve ser suprimida (SUPRESS desmarcado).

2 (Extension Lines): Linhas de extensão ou linhas de chamada. Deve ser especificada como ByLayer (igual a camada) e pode ou não ser suprimida. (SUPRESS).

3 (Extend beyond dim lines): Indica o quanto as linhas de extensão passam acima da linha de dimensão. Mantenha o valor 1.25.

4 (Offset from Origin): Distância entre o ponto clicado para iniciar a cota até o início da linha de extensão. Mantenha o valor entre 0.5 e 1.00.

CAPÍTULO 2

Na aba *SYMBOLS AND ARROWS* serão configurados os tipos de simbolos para as cotas. Coloque os valores conforme indicados a seguir:

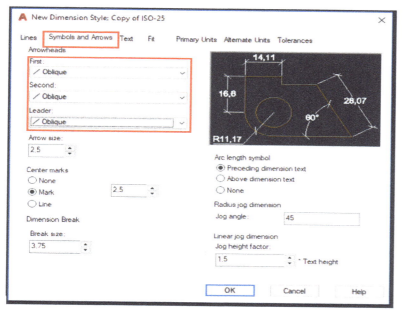

Arrowheads: "Ponta de cota" ou "cabeça de flecha". Deve ser escolhido o tipo de símbolo para extremidade da linha de dimensão da cota. No caso do desenho mecânico, deve-se optar pela flecha preenchida (Closed filed), enquanto que para o desenho arquitetônico se pode optar pelo também pelo traço arquitetônico (Architectural tick).

Na aba *TEXT* será configurado o texto da cota.
Configure de acordo com as seleções e valores apresentados na ilustração abaixo.

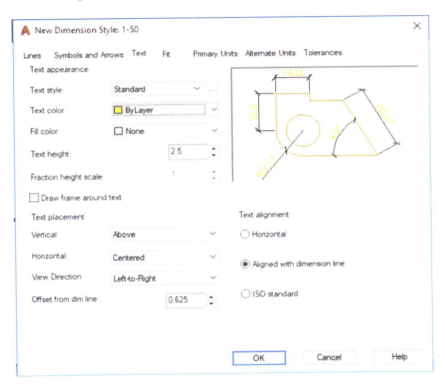

A aba seguinte, *FIT*, é a mais importante do processo de configuração da cota. É nela onde será informada a escala para a qual a cota foi configurada. Marque as opções conforme demonstrado abaixo e no campo "Use overall scale of" insira o valor da escala desejada.

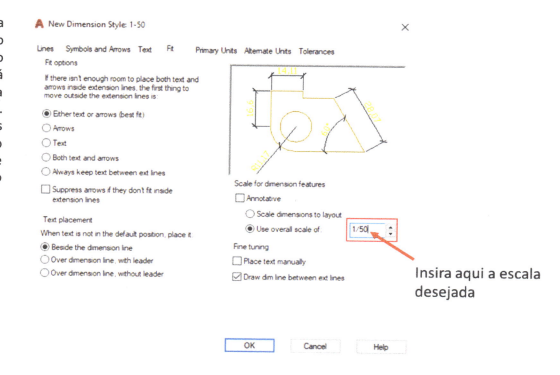

Insira aqui a escala desejada

Na aba *PRIMARY UNITS*, nós iremos definir qual o sistema numérico utilizado e qual a precisão das nossas cotas, em seguida, marque as opções conforme demonstrado abaixo. Em seguida clique em "*OK*" e seu novo estilo de cota estará criado.

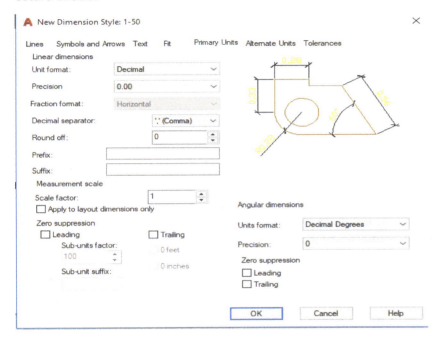

> **DICA!:** É interessante que você configure logo os estilos de cota para as escalas mais utilizadas. A boa notícia é que, uma vez que você já tenha configurado a primeira cota, basta criar uma nova a partir dela, e alterar apenas o valor do **FIT**.

2.3.3 Cotagem do desenho

Após a configuração, o desenho poderá ser cotado. Ative a cama COTAS. Na aba *Annotate* é possível encontrar o menu *Dimension*, esse contém algumas ferramentas para cotar com a forma do objeto.

Legenda:
1 (Linear): Cria cotas com uma linha horizontal ou vertical;
2 (Aligned): Cria uma cota linear alinhada com os pontos de origem das linhas de extensão;
3 (Angular): Mede o ângulo entre objetos geométricos selecionados ou três pontos;
4 (Arc length): Mede a distância ao longo de um arco ou de um segmento de arco de poli linha. As linhas de extensão de um comprimento de arco podem ser ortogonais ou radiais. Um símbolo de arco é exibido acima ou antes do texto da cota;
5 (Radius): Mede o raio do círculo ou arco selecionado e exibe o texto da cota com um símbolo de raio antes do mesmo;
6 (Diameter): Mede o diâmetro do círculo ou arco selecionado e exibe o texto da cota com um símbolo de diâmetro antes do mesmo;
7 (Jogged): Mede o raio do objeto selecionado e exibe o texto da cota com um símbolo de raio antes do mesmo. O ponto de origem da linha de cota pode ser especificado em qualquer localização conveniente; e

8 (Ordinate): Mede a distância horizontal ou vertical de um ponto de origem, denominado como a referência para um recurso, como um furo em uma peça. Essas cotas evitam erros de escala, mantendo deslocamentos precisos dos elementos da referência.

Escolhida a ferramenta de cota, basta clicar nos pontos que representam as extremidades do lado que se deseja cotar, ou no perímetro para o caso de círculos e arcos, e em seguida arrastar a linha de dimensão até a posição desejada, como apresentado a seguir.

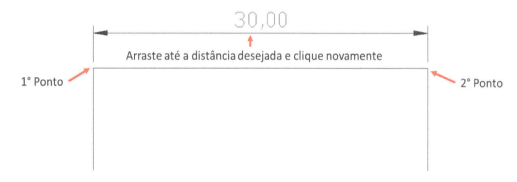

2.3.4 Recomendações para cotagem

Uma das principais dúvidas do desenhista é saber o que deve e o que não deve ser cotado, bem como qual a distância adequada deve ser deixa entre a linha de cota e o contorno do objeto cotado. Quanto a isso, as normas técnicas não especificam um padrão, mas indicam que o desenho deve ser cotado de maneira adequada e de forma que o mesmo possa ser executado sem ambiguidades.

Caso você ainda não tenha experiência para deixar um desenho bem cotado, indicamos que você faça uso das recomendações de outros projetistas. A indicação que daremos aqui, por exemplo, foi apresenta pela Professora **Roberta Vendramini** do **Portal de Cursos Construir**. Recomendamos que você acesse o portal (https://construir.arq.br), onde estão disponíveis videoaulas, materiais para download e cursos para diversos softwares de desenho, tanto gratuitos como pagos.

Agora vamos ao que interessa: o que devo cotar em um projeto arquitetônico? De acordo com as recomendações da Professora Roberta Vendramini, as linhas de cota de um desenho arquitetônico devem ser inseridas em 3 níveis, seguindo a hierarquia demonstrada a seguir. Se a parede não possuir esquadrias basta inserir a segunda e terceira.

Em relação à distância entre as linhas de cota e o contorno do objeto, recomendamos que as cotas sejam posicionadas em uma posição que permita fácil leitura, evitando situações que possam gerar confusão, visando ajudar principalmente a quem executar a edificação. O bom senso aqui é a chave.

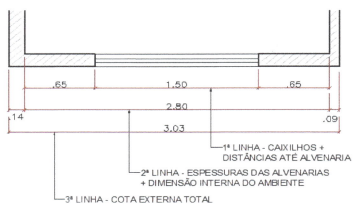

Fonte: https://construir.arq.br

DICA DE OURO! Configurar textos e cotas é um processo trabalhoso, e pode consumir muito tempo durante a elaboração do projeto. Contudo, é fundamental que você, como projetista, tenha conhecimento sobre este tema. Como vantagens você só precisa fazer isso uma única vez, podendo então utilizar as mesmas configurações para outros desenhos. Além disso é possível encontrar disponível na internet arquivos já configurados, o que pode tornar o processo mais rápido. Veja o que é mais vantajoso para você!

Agora, como já aprendemos a cotar um desenho, vamos inserir as cotas da planta de edificação que desenhamos conforme as instruções deste capítulo. Lembrando que, devemos utilizar todas as regras e normas aplicadas ao desenho técnico apresentadas, sempre prezando pela qualidade do desenho e, em caso de dúvidas, utilizarmos o bom senso.

Este deve ser o resultado da planta de edificação cotada:

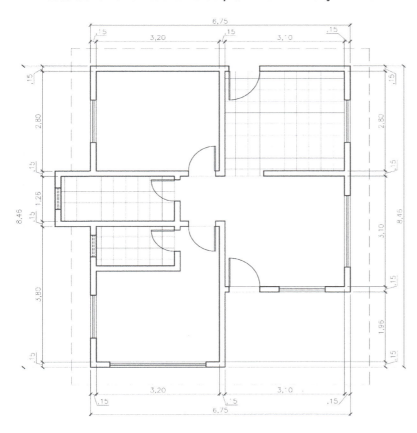

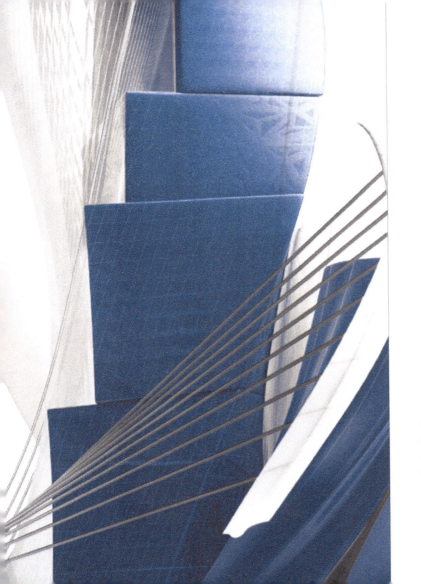

CAPÍTULO 3

CORTE VERTICAIS DE UMA EDIFICAÇÃO

Neste capítulo, continuaremos utilizando as principais ferramentas do AutoCAD no desenho arquitetônico, desta vez focado na representação de cortes transversais e longitudinais.

3.1 Conceito e finalidade dos cortes verticais

Cortes verticais são representações do projeto arquitetônico que resultam da interseção de um plano secante vertical com a edificação. Este tipo de desenho busca mostrar a dimensão vertical do elemento, facilitando a visualização de paredes, portas e blocos internos, detalhando informações que não foram explicitas na planta de edificação.

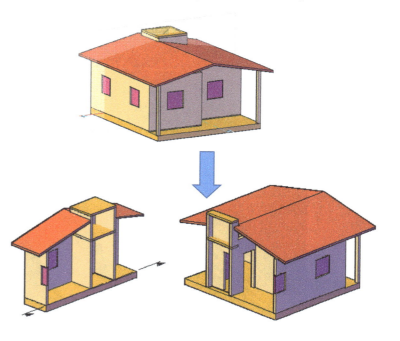

A finalidade dos cortes em um projeto de edificação é mostrar a maior quantidade de informações entre espaços interiores e significantes desenvolvidas em altura, e que, por consequência, não são devidamente mostrados na planta de edificação.

A sua orientação é feita na direção dos extremos mais significantes deste espaço e, dependendo da complexidade da do projeto, faz-se necessário a representação de mais de um corte.

3.2 Indicação e elementos básicos dos Cortes

A indicação dos Cortes em uma edificação é feita com o auxílio de uma linha do tipo traço-ponto, a qual seccionara a planta baixa na direção transversal ou longitudinal, para que assim possamos ter referência de localização para a representação dos seus componentes, descrevendo paredes, portas, janelas, etc. As linhas são colocadas nas regiões na planta baixa que demonstrem com riqueza de detalhes partes importantes da edificação.

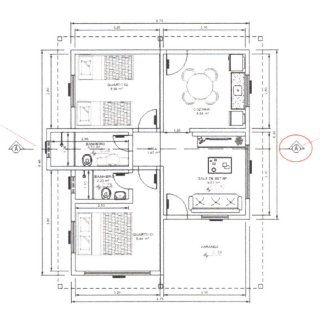

Além da linha traço-ponto, o corte também deve trazer uma seta de indicação do sentido da visualização, representada de acordo com a norma técnica, mostrada a seguir:

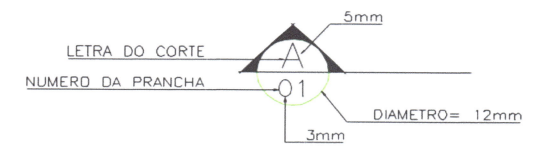

Vale salientar também, a importância da variação da espessura de linhas nos cortes, sendo: **a)** Alvenarias e estruturas cortadas – Linhas Grossa, **b)** Alvenarias vistas, esquadrias e piso cortados – Linha Média; e **c)** Esquadrias vistas e aberturas nas alvenarias – Linha fina.

3.3 Desenhando os cortes verticais da edificação

Agora, que já compreendemos a função dos Cortes verticais e quais seus principais elementos, vamos aplicar a ferramentas do AutoCAD para desenhar os Cortes Transversal e Longitudinal da Planta de edificação que desenhamos anteriormente.

3.3.1 Corte Vertical Transversal

Utilize o desenho a seguir como referência para a representação do corte transversal da edificação. Esse deverá ser o nosso resultado final.

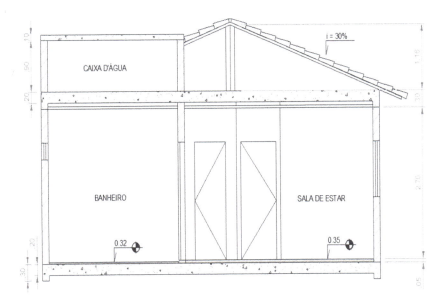

Para desenharmos o corte transversal do desenho acima deve-se seguir os seguintes passos:

1º Passo: Para iniciarmos a representação de corte de uma edificação deve-se, inicialmente, definir o local aonde passará a linha de corte e qual o sentido da visualização (indicado pela seta).

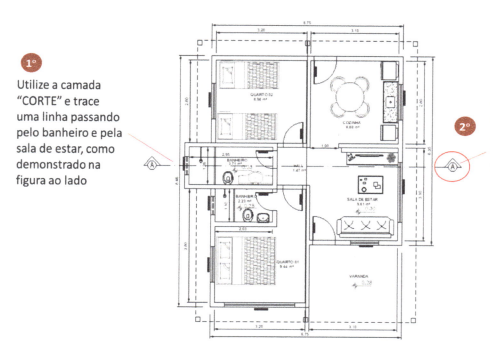

1º
Utilize a camada "CORTE" e trace uma linha passando pelo banheiro e pela sala de estar, como demonstrado na figura ao lado

2º
Escolha entre os blocos disponíveis, uma "cabeça de corte" que se adeque ao seu desenho. Lembre-se que o sentido da seta indica o sentido da visualização

2° Passo: selecione a camada "AUXILIAR 1" e trace uma linha horizontal acima da sua planta de edificação. A dimensão desta linha não é importante, mas ela deve ser maior que a largura máxima da edificação:

Esta será a nossa linha de referência!

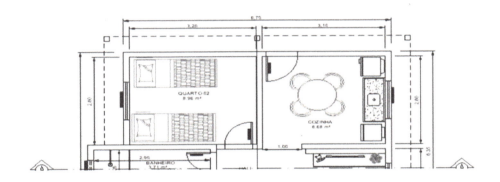

CAPÍTULO 3 **107**

3º Passo: utilizando o comando cópia paralela (OFFSET), vamos criar cópias da linha de referência (acima) seguindo as alturas previstas no projeto, conforme descrição:

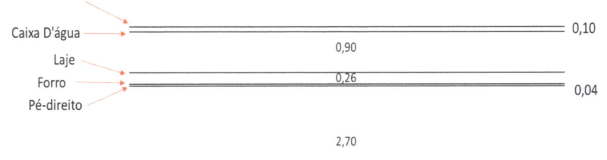

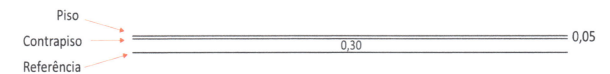

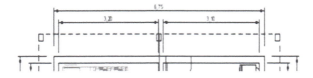

4° Passo: Ainda na camada "AUXILIAR 1", trace uma linha vertical conforme a indicado com a seta na figura abaixo:

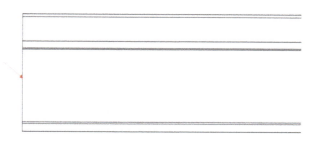

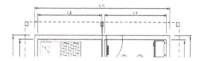

5° Passo: Agora, vamos desenhar as divisórias internas. Para isso, utilize o comando offset (**O** → CONFIRMA). Ao invés de inserirmos distâncias do Offset, escolheremos a opção "Thougth", digitando **T** → CONFIRMA:

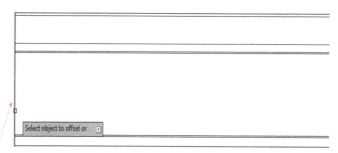

Selecione a linha de referência vertical e confirme com ENTER.

6° Passo: Clique em todos os pontos e elementos que são cortados ou vistos pelo observador, destacados nas setas da planta abaixo.

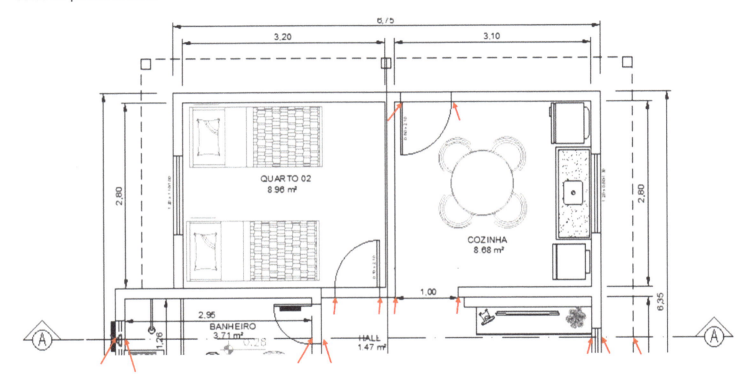

Este será o resultado! Certamente você está achando este emaranhado de linhas muito confusão, não? Agora é a hora de deixar isso mais "limpo".

7° Passo: Utilize o comando Trim (Aparar) e Delete para limpar um pouco o nosso desenho do corte até que ele fique igual ao desenho abaixo. Na dúvida, consulte o desenho de referência do corte.

8° Passo: Marque a altura das portas e janelas utilizando o comando Offset (Cópia Paralela) com uma distância de 2,10 m (altura padrão de portas e janelas).

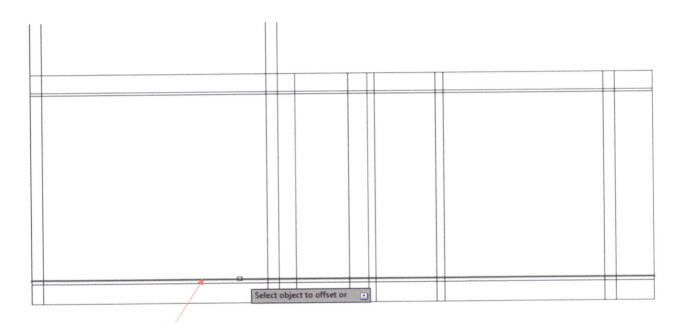

Ative o comando Cópia Paralela e selecione a linha de piso. Mova o cursor para cima, digite e o valor 2,10 e confirme com o ENTER

Uma nova linha será criada.

Utilize o comando Aparar e Deletar para eliminar as linhas em excesso, deixando o seu projeto semelhante ao desenho abaixo.

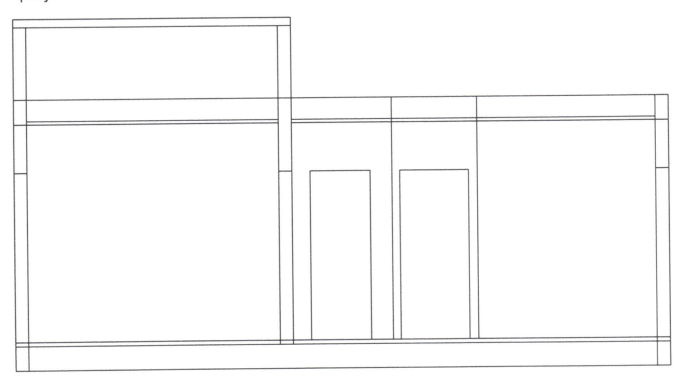

9° Passo: Utilize o comando Offset (Cópia Paralela) para construir as linhas referentes às alturas das janelas à vista ou cortada (2,10 m altura padrão).

Ative o comando Cópia Paralela e selecione esta linha. Mova o cursor para baixo, digite o valor 0,30 e confirme com o ENTER

Ative o comando Cópia Paralela e selecione esta linha. Mova o cursor para baixo, digite o valor 1,00 e confirme com o ENTER

10° Passo: Defina a espessura da laje do teto e da fundação utilizando o comando Offset, considerando o desenho modelo.

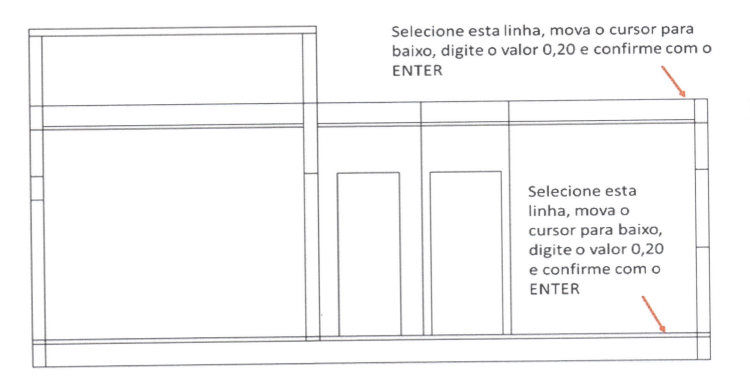

CAPÍTULO 3   117

Utilize os comandos Trim e Delete para limpar o desenho. O resultado esperado pode ser visto abaixo:

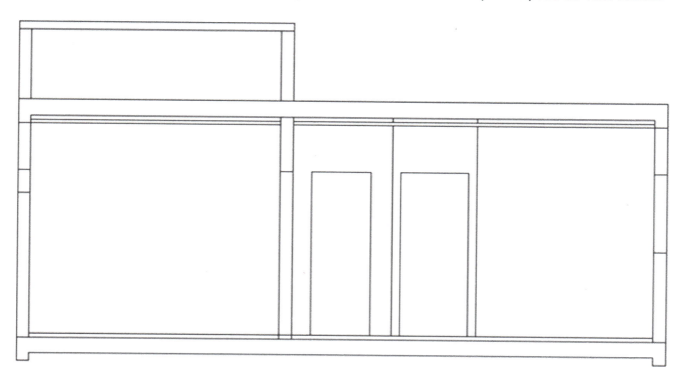

Marque os eixos centrais das janelas utilizando a ferramenta linha

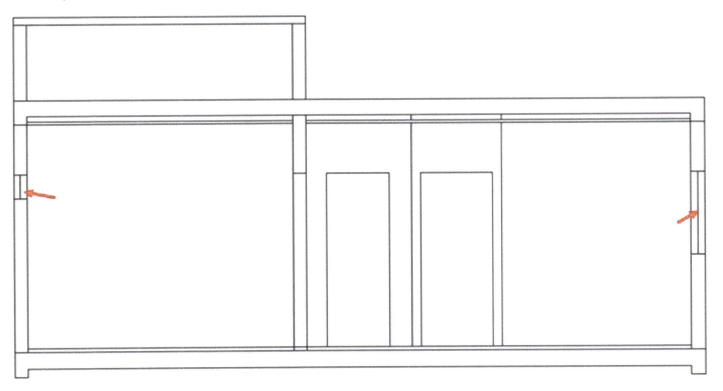

CAPÍTULO 3 119

Com o comando Offset (Cópias Paralelas) crie cópias dos dois lados da linha central. Como a espessura total da janela é de 0.04 m, o valor informado deverá ser de 0.02 m.

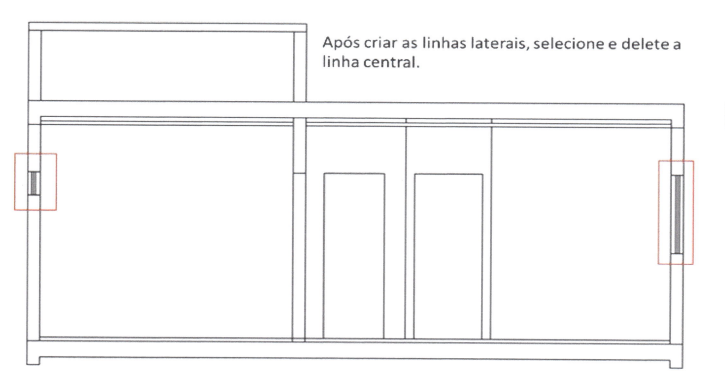

Após criar as linhas laterais, selecione e delete a linha central.

11° Passo: Desenhe a porta do banheiro usando os mesmos procedimentos da janela.

Ative o comando Cópia Paralela e selecione esta linha. Mova o cursor para direita, digite o valor 0,040 e confirme com o ENTER

Limpe o desenho. O resultado esperado pode ser visto abaixo.

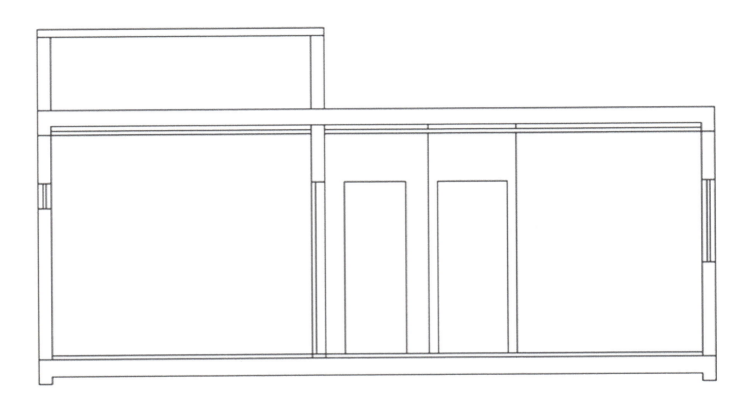

11º Passo: Represente graficamente a diferença de nível do piso do banheiro.

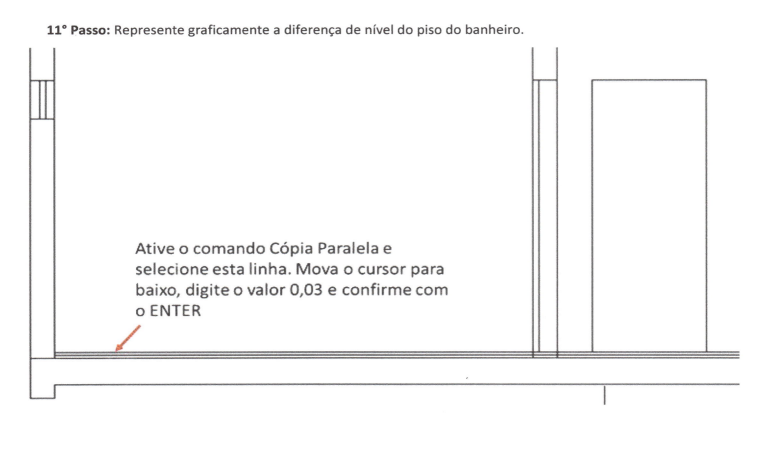

Utilize o comando Aparar e Deletar para limpar as linhas do piso. O resultado esperado pode ser visto abaixo.

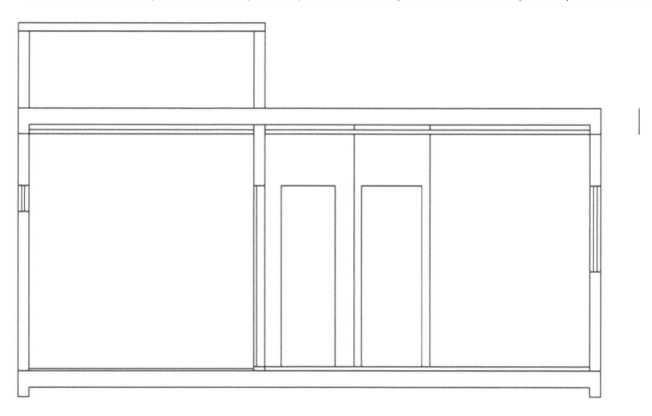

12° Passo: Os principais elementos do corte já estão desenhados, mas ainda precisamos organizar cada componente em sus respectiva camada. Para isto, utilizaremos a ferramenta "Limite" ou BOUNDARY, que pode ser ativada digitando "**BO** → **CONFIRMA**".

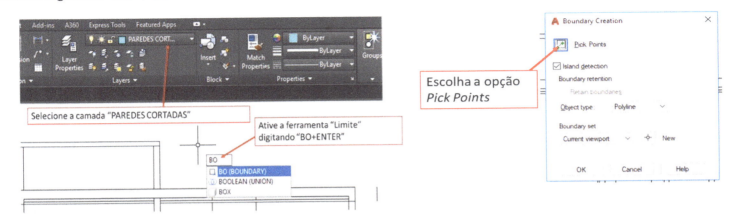

Clique nas áreas internas dos polígonos que representam as paredes que foram cortadas pelo plano de corte e confirme.

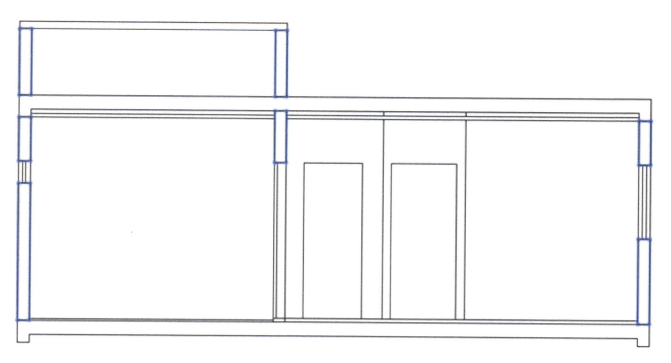

Selecione a camada ESQUADRIAS, ative novamente a ferramenta "Limite", clique nas áreas internas dos polígonos que representam as esquadrias que foram cortadas pelo plano de corte e confirme.

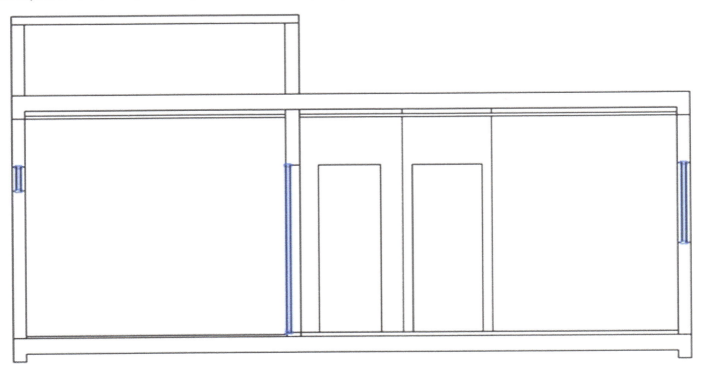

Selecione a camada PAREDE VISTAS, ative a ferramenta "Limite" e, clique nas áreas internas dos polígonos que representam as paredes que não foram cortadas pelo plano vertical de corte e confirme.

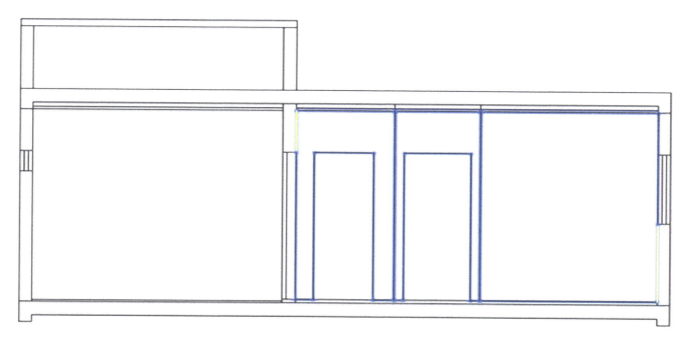

Selecione a camada ESTRUTURAS, ative a ferramenta "Limite" e, clique nas áreas internas dos polígonos que representam as lajes e vigas que não foram cortadas efetivamente pelo plano vertical de corte e confirme.

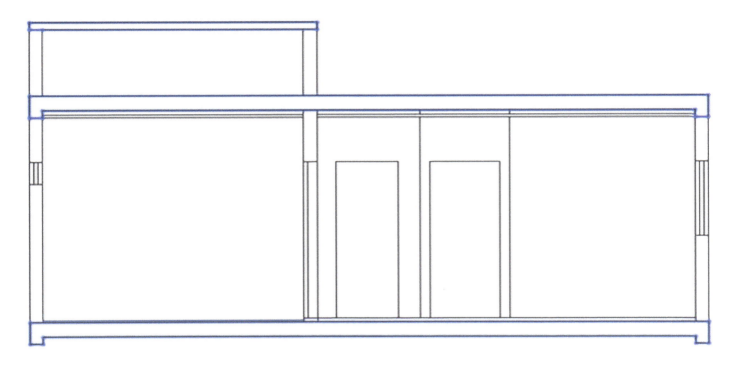

Selecione a camada HACHURA, ative a ferramenta "Limite" e, clique nas áreas internas dos polígonos que representam o piso e o forro e confirme.

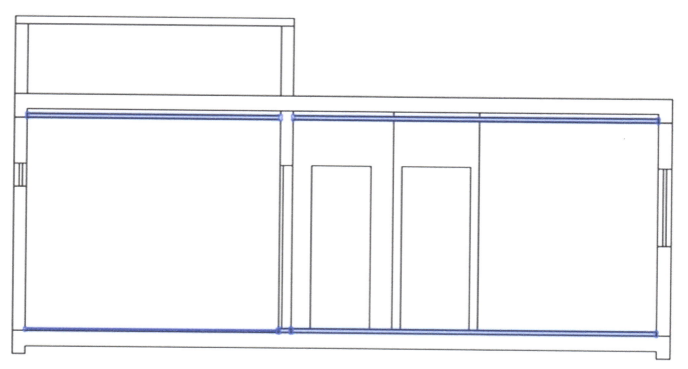

Agora cada componente do desenho está em sua respectiva camada, Para analisar melhor a organização do corte, desligue a camada AUXILIAR 1.

13º Passo: Para representar o telhado, precisamos, inicialmente, criar uma nova camada de desenho denominada de principais TEHLADO, conforme as especificações do Quadro abaixo:

NOME (NAME)	(COR) COLOR	TIPO (LINETYPE)	ESPESSURA (LINEWEIGHT)	PLOT	DESCRIÇÃO
TELHADO	2	CONTINUE	0,20	YES	Estrutura de madeira e telhas.

Ative a camada TELHADO e desenhe a linha central do telhado, tomando com referência a linha de cumeeira representada na planta de edificação.

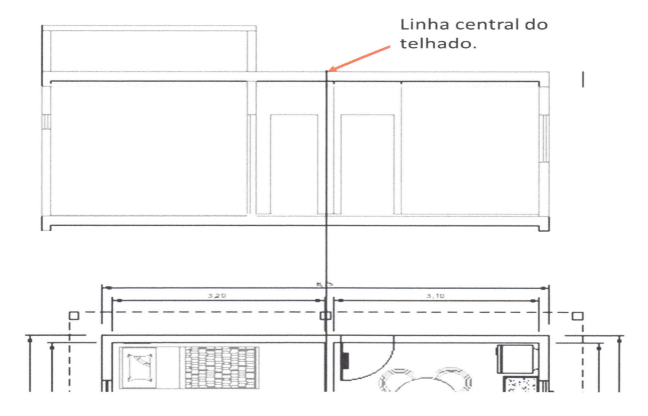

O próximo passo será determinar a altura da cumeeira. Para isso precisamos saber primeiro qual a inclinação do telhado, por sua vez, é influenciada pelo tipo de telha que será utilizada. O quadro abaixo mostra os principais tipo de telhas e suas inclinações recomendadas.

Tipo de Telha	Inclinação mínima
Telha Francesa	36%
Telha Colonial/paulista	30%
Telha Romana	30%
Telha Portuguesa	30%
Fibrocimento	10%
Metálica	15%

Vamos considerar que nossa casa utilizará telha do tipo colonial, cuja inclinação é de 30%. Para determinar a altura da cumeeira, basta utilizar a equação abaixo:

H – Altura do telhado
B – Comprimento da base
I – Inclinação mínima

Considerando a i = 30% e B = 3,88 m, temos que a altura da cumeeira (H) será de 1,16 m

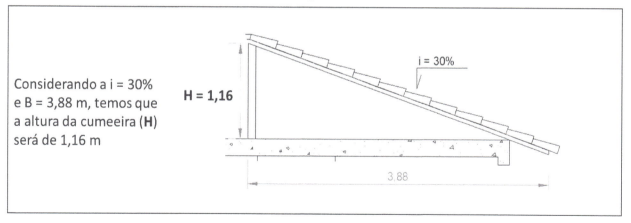

CAPÍTULO 3

Desenhe uma linha vertical com 1.16 m de altura a partir da parte superior da laje

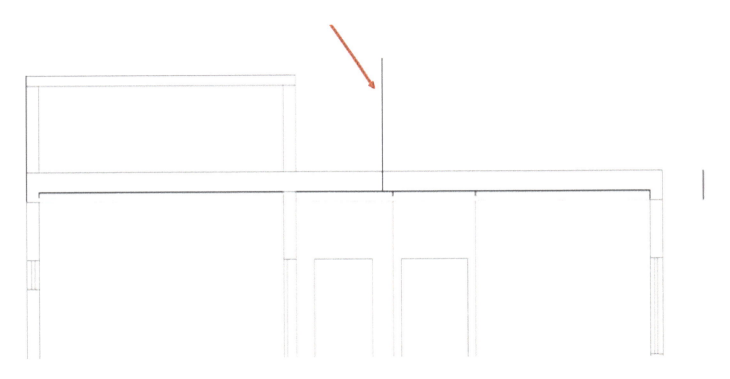

Desenhe uma linha único a cumeeira à base da laje, criando um triângulo retângulo

Estenda a linha até o limite do beiral do telhado (0.50 m)

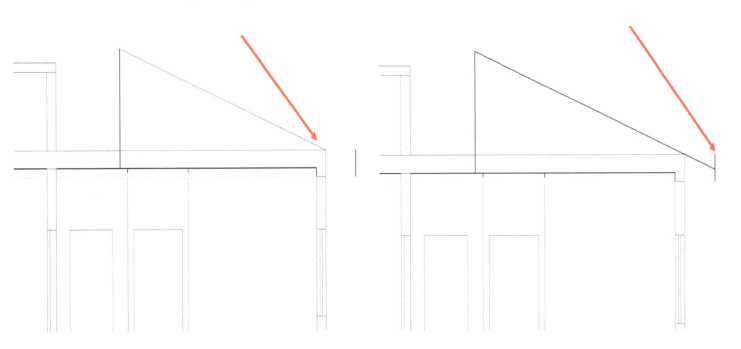

CAPÍTULO 3 **135**

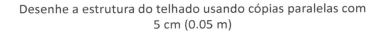

Desenhe a estrutura do telhado usando cópias paralelas com 5 cm (0.05 m)

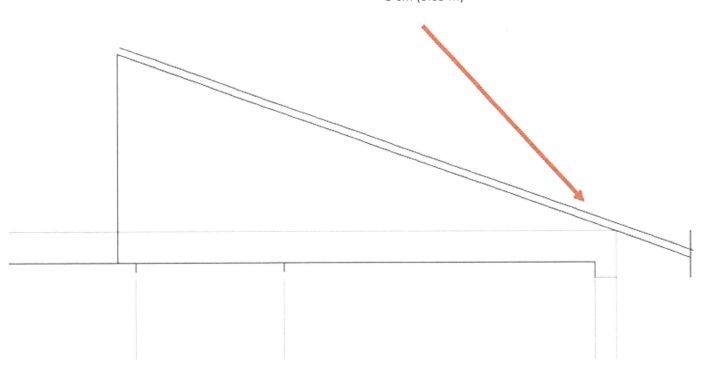

Utilize os comandos Aparar (Trim) e Deletar (Delete) para limpar os excessos de linhas.

Ainda com a camada TELHADO ativa, utilize a ferramenta Polyline, (**PL** → **CONFIRMA**), desenhe a telha conforme a figura a seguir:

Procedimento:

1º Acione a ferramenta Alinhar (*ALINGN*) digitado o atalho "AL" + *ENTER*

2º Selecione a telha que você desenhou e confirme com o *ENTER*

Agora, basta definir os pontos de alinhamento da telha clicando nos pontos na ordem em que é apresentado na ilustração abaixo:

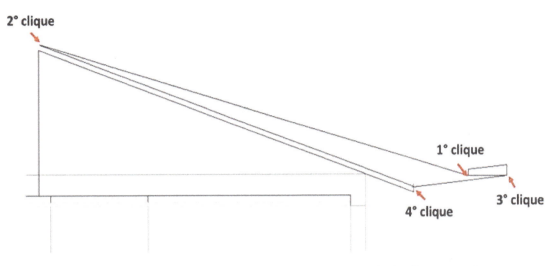

Após clicar em todos os pontos, confirme com o *ENTER* e escolha a opção NÃO (*NO*).

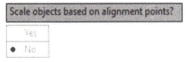

Pronto, a primeira telha já foi colocada em seu devido lugar!

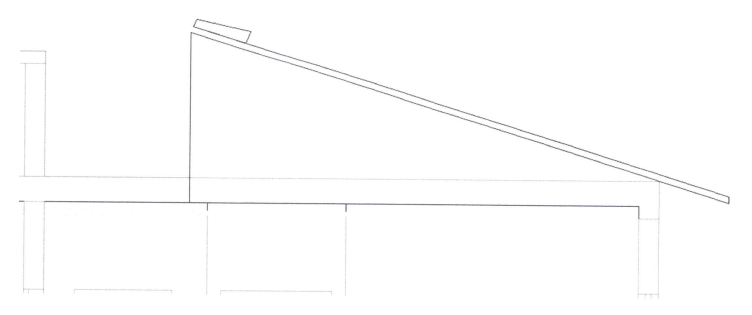

Para inserir as outras telhas, vamos utilizar a ferramenta Copy (**CO** → **CONFIRMA**).

1º Acione a ferramenta Copiar e selecione como ponto base o canto inferior esquerdo da telha

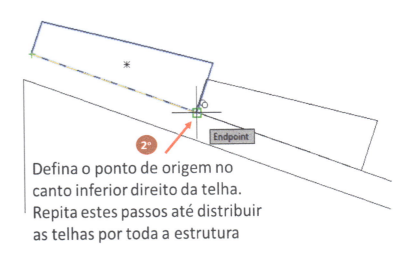

2º Defina o ponto de origem no canto inferior direito da telha. Repita estes passos até distribuir as telhas por toda a estrutura

Uma das águas (lado) do nosso telhado já está pronta. Para desenharmos a outra, utilizaremos a ferramenta Mirror (**MI** → CONFIRMA).

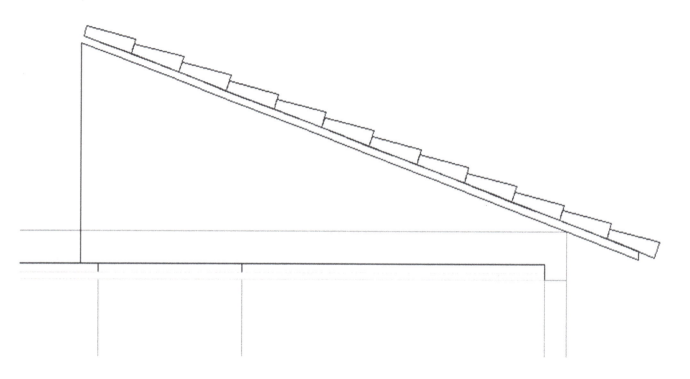

Com a ferramenta Mirror ativada, selecione a estrutura do telhado e todas as telhas e **CONFIRMA**.

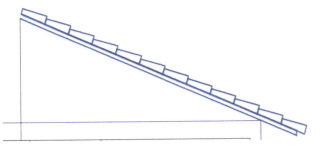

Crie o eixo do espelhamento tomando como referência a linha da cumeeira e **CONFIRMA**.

Utilize os comandos TRIM e DELETE para apagar as telhas e estruturas que ficaram por trás da caixa d'água.

Utilize a ferramenta LINE para fechar o espaço existente entre as telhas da cumeeira.

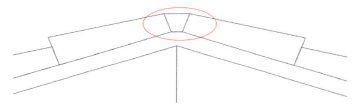

Com o comando offset (Cópia Paralela) crie cópias dos dois lados da linha central da cumeeira. Como a espessura total da estrutura é de 0.20 m, o valor fornecido deverá ser de 0.10 m.

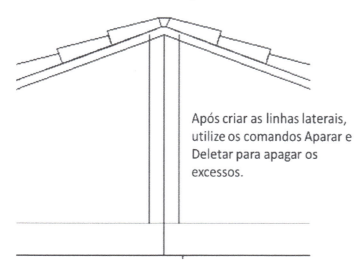

Após criar as linhas laterais, utilize os comandos Aparar e Deletar para apagar os excessos.

O corte vertical está finalmente pronto! Por último, basta adicionar textos, cotas, hachuras e blocos como orientações anteriores.

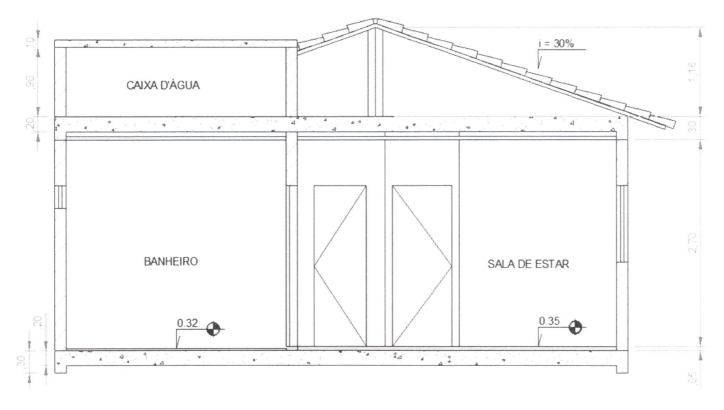

3.3.2 Corte Vertical Longitudinal

Agora, desenharemos o corte longitudinal do nosso Desenho Arquitetônico! Da mesma forma que o anterior, utilizaremos a imagem a seguir como referência para definição dos detalhes.

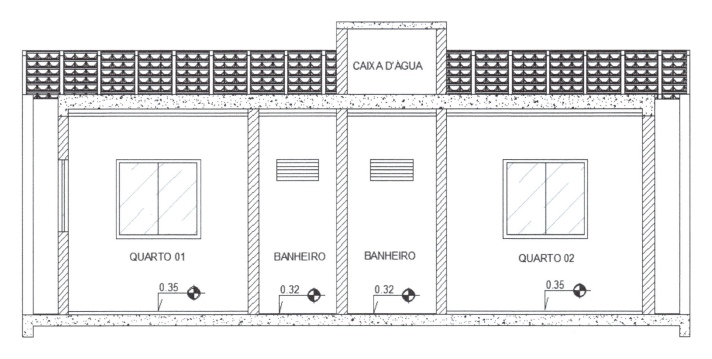

Para desenharmos o corte longitudinal devemos realizar os seguintes passos:

1° Passo: Para iniciarmos a representação de corte vertical defina o local aonde a linha de corte longitudinal irá passar. Utilize o layer correto e o bloco de indicação de corte apontado para a direção certa, conforme indicado na imagem a seguir:

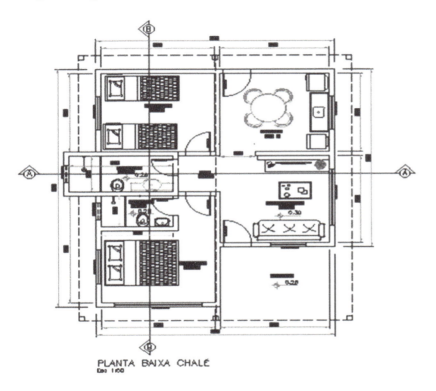

PLANTA BAIXA CHALÉ

2° Passo: Copie a planta da edificação e rotacione ela de forma que as setas do corte longitudinal fiquem voltadas para cima.

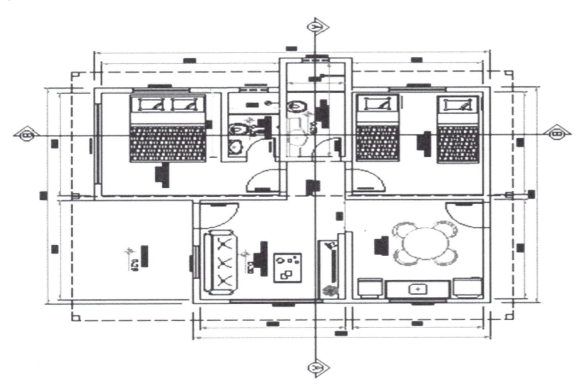

Selecione a camada "PENA_01" e trace uma linha horizontal acima da planta-baixa. A dimensão da linha não é importante, mas ela deve ser maior que a largura da edificação.

3° Passo: Utilizando o comando Cópia Paralela, crie cópias da linha de referência (desenho acima) de acordo com as alturas previstas no projeto.

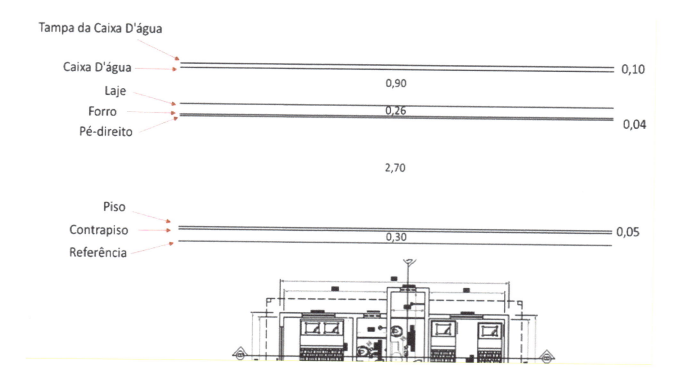

Ainda com a camada "PENA_01", trace uma linha conforme demonstrado ao lado.

Ainda com a camada "AUXILIAR 1", trace uma linha conforme demonstrado ao lado

4° Passo: Desenhe as divisórias internas do corte longitudinal utilizando o comando OFFSET (**O → CONFIRMA**). Ao invés de inserirmos distancias do Offset, escolhermos a opção "Though" (**T → CONFIRMA**):

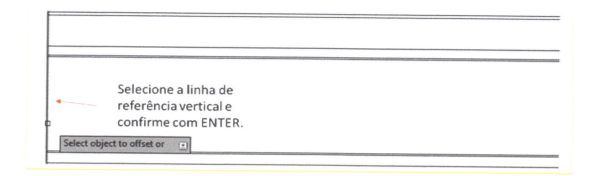

Clique em todos os pontos e elementos cortados pelo plano vertical de corte e visto pelo observador, destacados pelas setas do desenho a seguir:

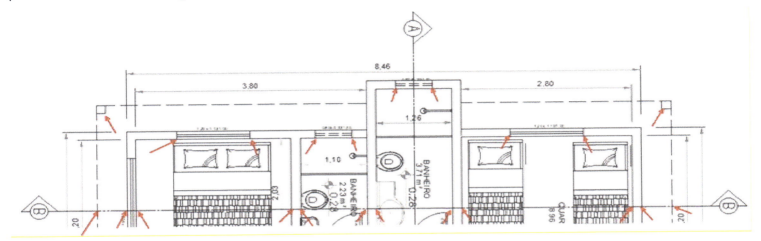

CAPÍTULO 3   153

O resultado desejado é este:

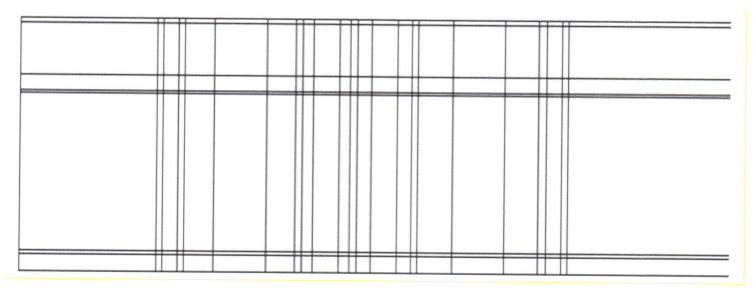

Utilize o comando TRIM e DELETE para limpar o desenho até que ele fique igual a desenho a seguir. Na dúvida, utilize o desenho de referência deste corte.

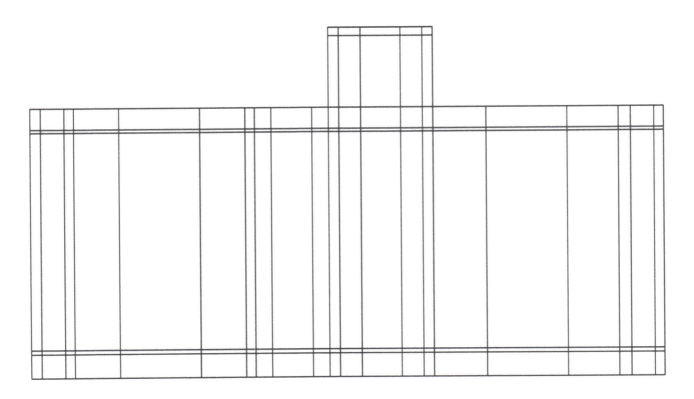

4° Passo: Marque as alturas das janelas utilizando o comando OFFSET (Cópia Paralela) com uma distância de 2.10 m da linha do piso:

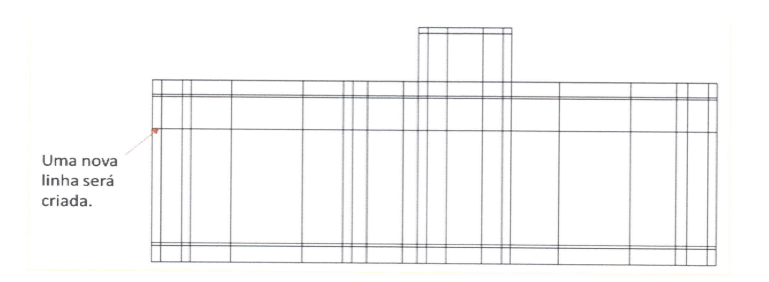

Agora utilize o comando OFFSET para criar os limites inferiores das janelas.

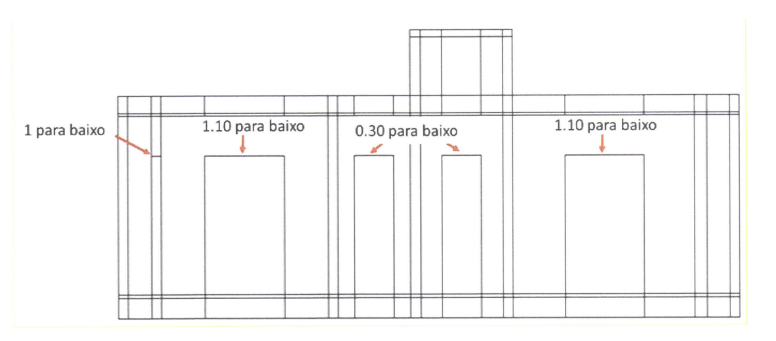

Limpe as linhas abaixo das janelas e outras linhas em excesso até que o desenho fique semelhante ao apresentado a seguir:

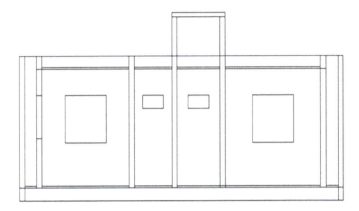

5° Passo: Novamente com o comando OFFSET ativado, defina a espessura da laje do teto e da fundação da casa:

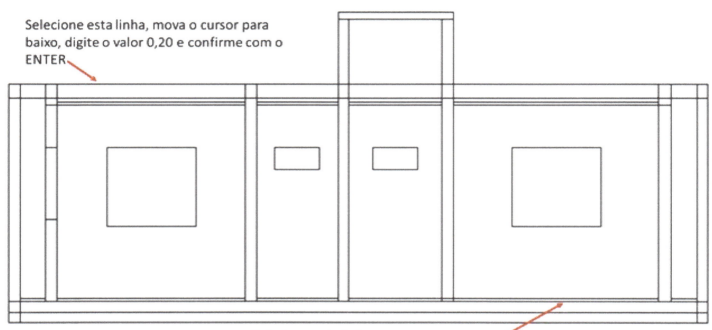

Limpe as linhas em excesso. O resultado esperado pode ser visto a seguir:

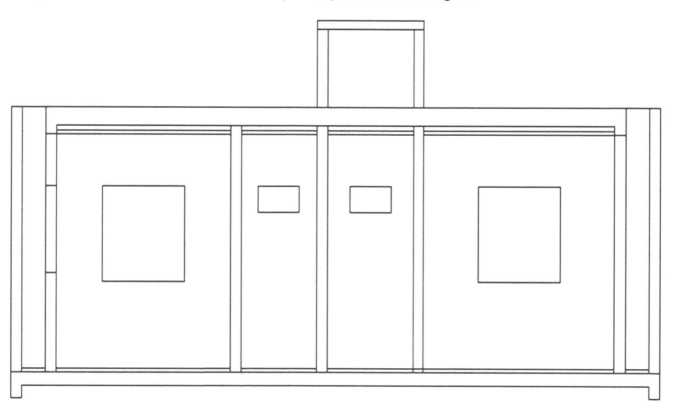

6º Passo: Represente a diferença de nível existente no piso do banheiro e na varanda:

Ative o comando Cópia Paralela e selecione as linhas indicadas. Mova o cursor para baixo, digite o valor 0.03 e confirme com o ENTER

Utilize os comandos TRIM e DELETE para limpar as linhas do piso. O resultado esperado pode ser visto abaixo.

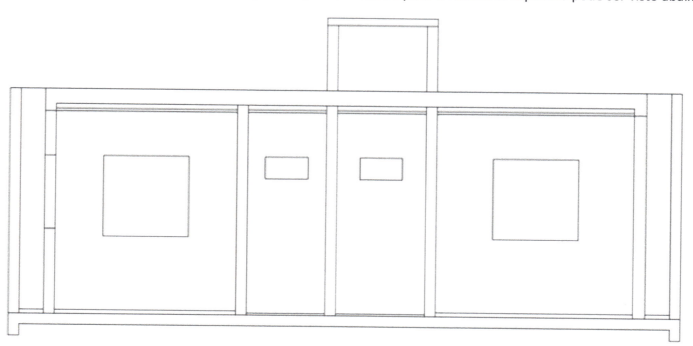

7° Passo: Agora, organize cada componente em sua respectiva camada (layer). Para isso, considere utilizar a variação de penas mais grossas até as mais finas, levando em consideração o que está mais distante e o que está mais perto do observador. Aqui o bom senso é o nosso guia. Utilizaremos a ferramenta "Limite" ou BOUNDARY que pode ser ativada digitando "**BO** → **CONFIRMA**".

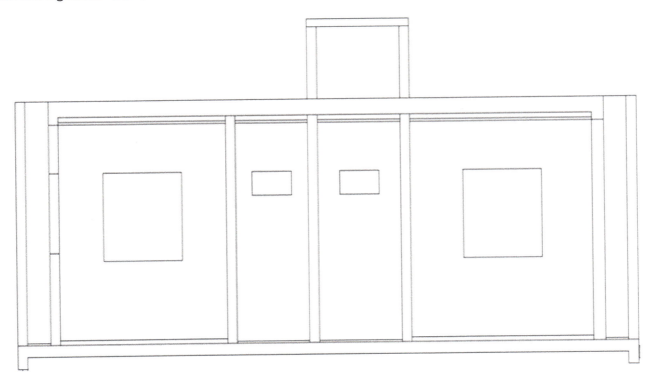

Selecione a camada PAREDES CORTADAS com a ferramenta "Limite" ativada, clique nas áreas internas dos polígonos que representam as pareces que foram cortadas pelo plano de corte e confirme.

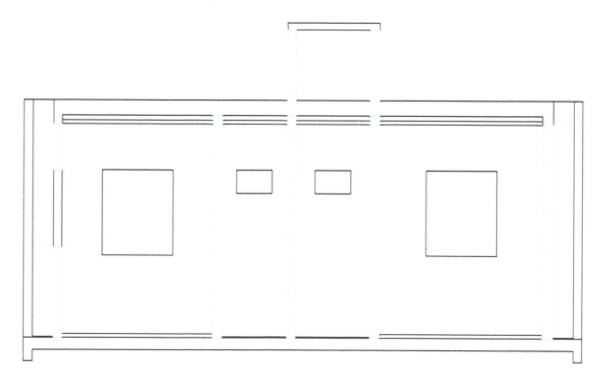

Selecione a camada ESQUADRIAS, ative novamente a ferramenta "Limite", clique nas áreas internas dos polígonos que representam a esquadrias que é cortada e confirme.

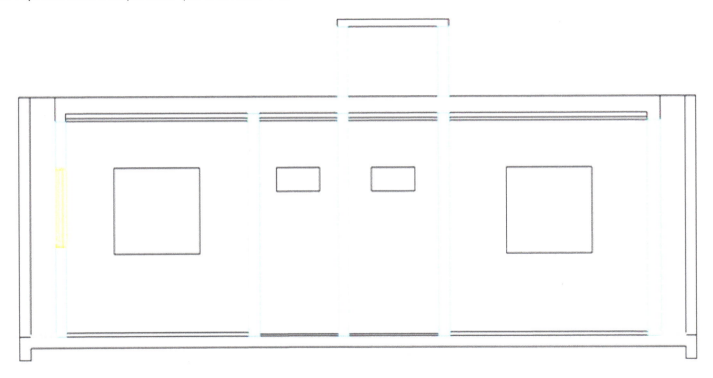

CAPÍTULO 3 **165**

Selecione a camada PAREDES VISTAS, ative a ferramenta "Limite" e clique nas áreas internas dos polígonos que representam as paredes e estruturas que não foram cortadas pelo plano de corte e confirme.

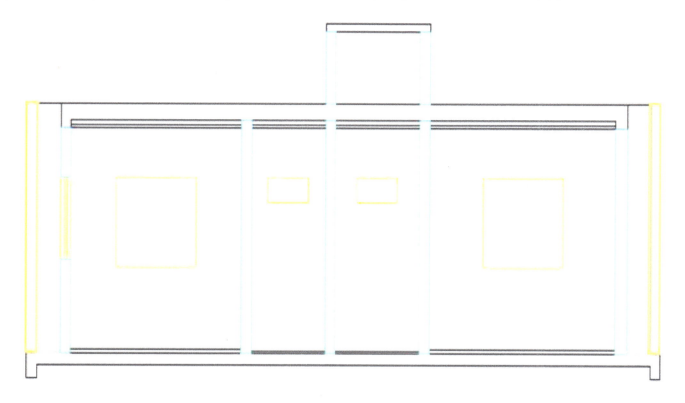

Selecione a camada ESTRUTURAS, ative a ferramenta "Limite" e clique nas áreas internas dos polígonos que representam as lajes, vigas e colunas que foram cortadas pelo plano de corte e confirme.

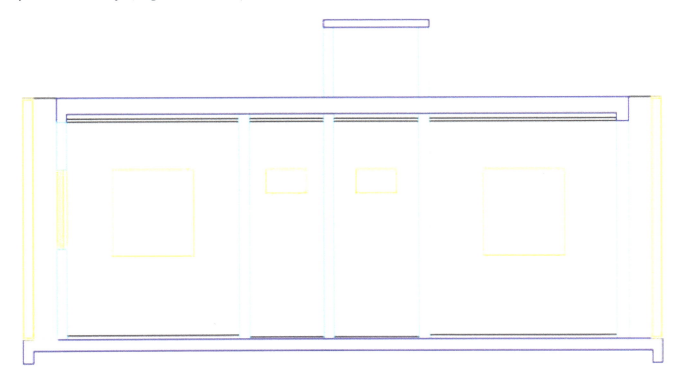

Selecione a camada HACHURAS, ative a ferramenta "Limites" e clique nas áreas internas dos polígonos que representam o piso e o forno e confirme.

8° Passo: Determine a altura (h) das telhas cortadas, conforme descrito na equação abaixo:

$$h = \frac{X \cdot i}{100}$$

h = Altura das telhas cortadas (m);
X = Distância da linha de corte até o beiral mais próximo (m);
I = Inclinação do telhado (%)

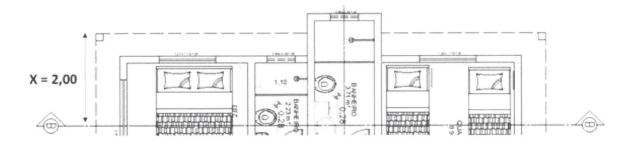

Considerando i = 30% e X = 2,00 m, temos que a altura das telhas cortadas (**h**) será de 0,60 m

Ative o comando OFFSET e selecione a linha indicada. Mova o cursor para cima, digite o valor 0.6 e confirme.

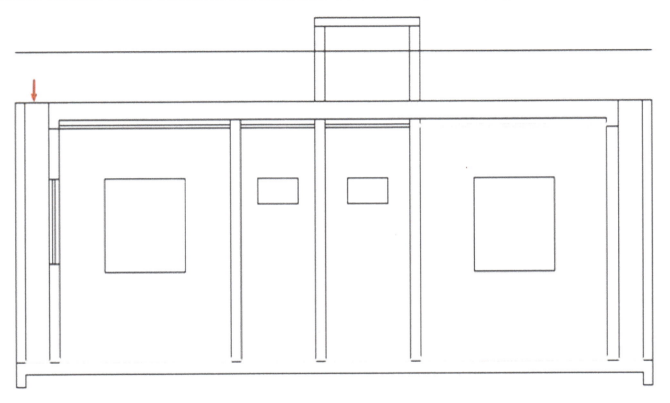

9° Passo: Desenhe a estrutura do telhado, incluindo terças, caibros, ripar e as telhas. Para facilitar a aplicação dos detalhes do telhado, faça o desenho de um pequeno módulo da telha cortada para que possamos utilizar várias cópias repetidas. Para isso, desenhe o detalhe conforme as instruções:

Desenhe duas circunferências concêntricas com o raio de 7cm e 8cm.

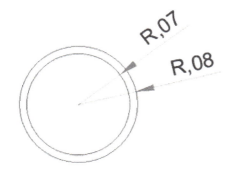

Copie as circunferências criadas unindo-as lateralmente, conforme a imagem a seguir:

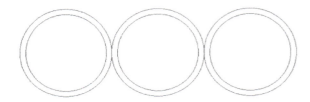

Desenhe um retângulo de forma que um dos lados passe pelo centro das circunferências e a altura seja 8 cm.

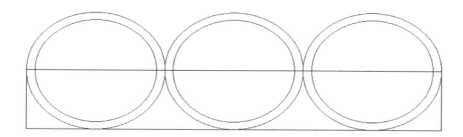

Apare a parte de cima da circunferências.

5º Cria Cópias Paralelas à linha indicada, com as distâncias 0.02 e 0.03

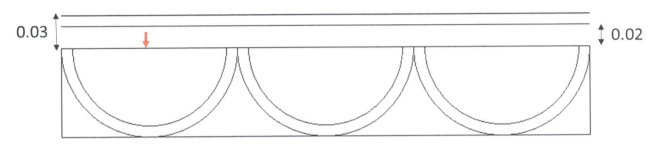

6º Desenhe linhas ligando a parte de cima à parte de baixo do retângulo, da forma indicada na ilustração abaixo

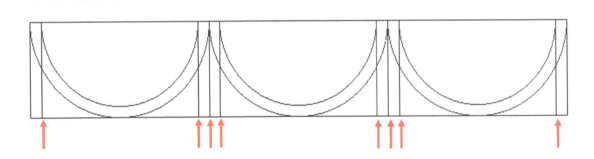

7º Ainda com a ferramenta Linha, crie diagonais como as indicadas na figura abaixo

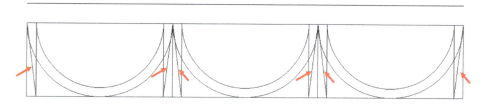

Selecione e delete as linhas verticais

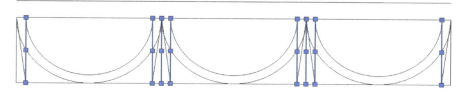

O resultado será semelhante ao observado na ilustração que segue

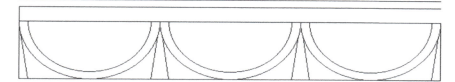

8º Agora nós iremos desenhar os caibros. Ative a ferramenta Cópia Paralela, selecione a linha indicadas e insira e o valor 0.05

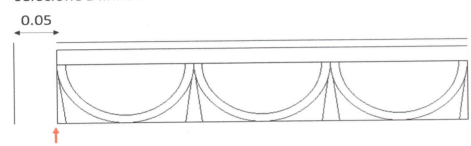

9° Passo: Agora copie o módulo criado e insira no canto superior do telhado, como destacado abaixo:

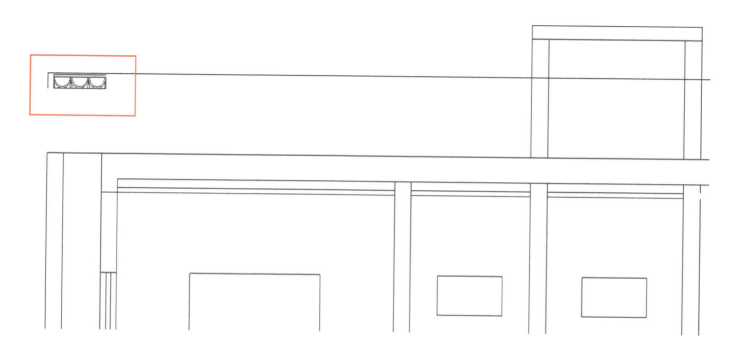

Copie o módulo e distribua por todo o telhado. Utilize o canto superior do módulo como ponto de referência

Utilize os comandos Aparar e Deletar para limpar o desenho, de forma que ele fique como o representado a seguir

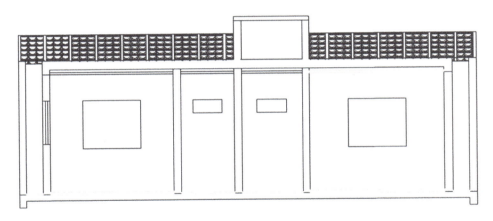

9° Passo: Agora iremos inserir o detalhe dos caibros cortados.

Desenhe um retângulo medindo 0.05 x 0.07

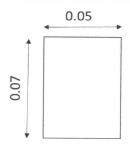

2° Copie e insira o retângulo na parte superior de cada um dos caibros

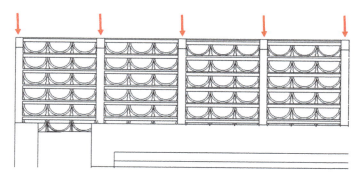

10° Passo: Para finalizar, insira hachuras, textos, blocos e cotas.

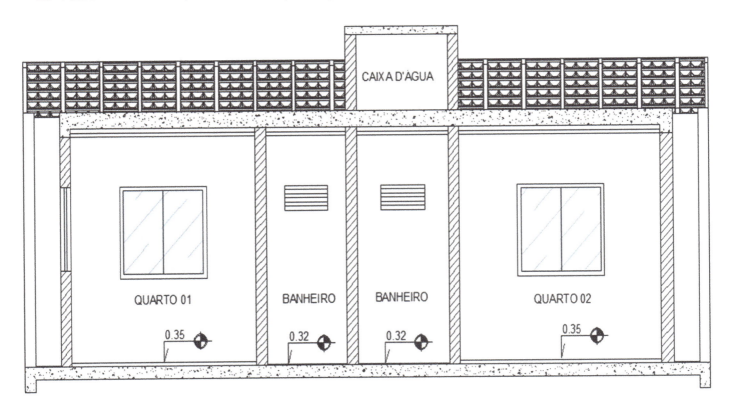

CAPÍTULO 4

ELEVAÇÕES DE UMA EDIFICAÇÃO

Dando continuidade ao processo de realização do desenho arquitetônico, aprenderemos a representar as elevações (também conhecidas como "fachadas") de uma edificação utilizando o AutoCAD.

4.1 Conceito e finalidade das elevações

As elevações, também conhecidas como fachadas ou vistas de uma edificação, são as representações das vistas ortográficas da edificação quando vistas por um observador quando olhadas por fora do prédio.

Traçando um paralelo com o desenho técnico básico, as elevações são as vistas ortográficas principais (frontal, posterior e laterais) da edificação. No desenho arquitetônico as elevações servem para compreensão e visualização externa da edificação, incluindo informações importantes para a correta execução da edificação.

4.1.1 Principais elementos

Os desenhos em elevação devem destacar as formas, as aberturas (portas, janelas e vãos), materiais e o contexto do projeto, ressaltando que, é importante a aplicação de diferentes espessuras de linhas, de forma a facilitar a visualização da profundidade dos elementos, igualmente como ocorre na representação dos cortes.

Assim sendo, os elementos mais próximos do observador serão representados com linhas mais grossas, enquanto elementos mais distantes serão representados por linhas mais finas. Veja na imagem a seguir a diferença entre Elevações representadas com e sem a diferença na espessura de linhas:

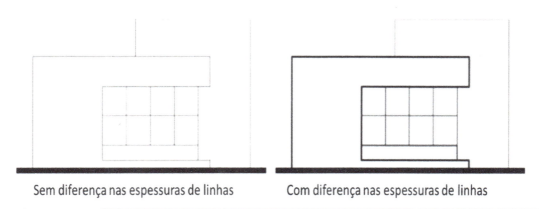

Sem diferença nas espessuras de linhas   Com diferença nas espessuras de linhas

4.1.2 Quantidade e denominação das elevações

O número de elevações representadas em um desenho arquitetônico dependerá principalmente da natureza do projeto. Nesse caso, projetos mais comuns possuem 4 fachadas, mas edifícios com formatos mais complexos podem incluir bem mais que isso.

Em relação à denominação das elevações, podemos fazê-lo em função de critérios como:

1. Nome da vista ortográfica: frontal, posterior, lateral direita, lateral esquerda; ou
2. Orientação geográfica, de acordo com a indicação do Norte do projeto (norte, leste, sudeste ...).

O importante que é o mesmo critério deve ser adotado para nomear todas as elevações.

4.22. Desenhando as elevações da edificação

Neste ponto, utilizaremos as ferramentas do AutoCAD para desenhar a elevação frontal da edificação. Utilize o desenho a seguir como referências juntamente com os detalhes desenhados nos dois cortes feitos nas etapas anteriores.

Modelo da Elevação Frontal da edificação

Para desenhar a elevação frontal da edificação siga os seguinte passos:

1° Passo: Copie a planta baixa que você desenhou e, em seguida, selecione a camada "PENA_01" e trace uma linha horizontal abaixo da sua planta baixa, sendo esta maior do que a largura da edificação.

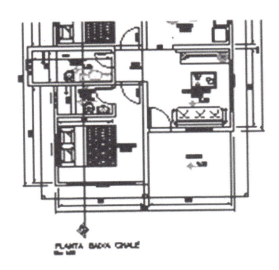

Esta será a nossa linha de referência!

2º Passo: Com o comando Cópia Paralela, crie cópias da linha de referência (acima) seguindo as alturas previstas no projeto.

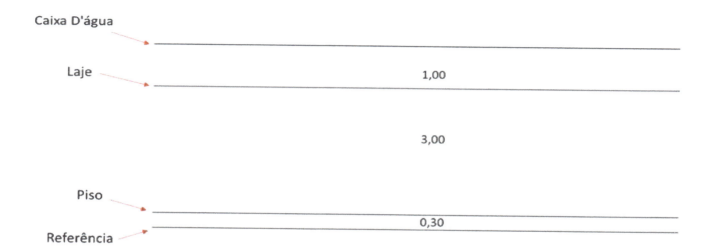

3° Passo: Crie uma linha vertical ligando as linhas horizontais de baixo e de cima:

Ainda com a camada "AUXILIAR 1", trace uma linha conforme demonstrado ao lado

4° Passo: Agora, vamos desenhar os elementos vistos na elevação utilizando o comando Cópias Paralelas (O → CONFIRMA). Escolheremos a opção "Through" (T → CONFIRMA):

Selecione a linha de referência vertical e confirme com ENTER.

5° Passo: Clique em todos os pontos e elementos visíveis pelo observados localizado na parte externa da edificação, destacados pelas setas vermelhas do desenho abaixo:

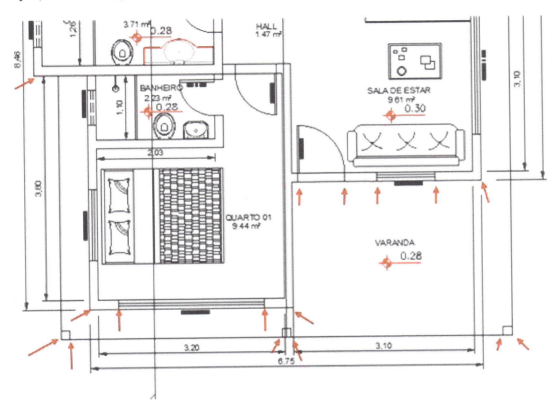

O resultado do passo anterior é o seguinte:

6° Passo: Utilize as ferramentas Aparar (TRIM) e Deletar (DELETE) para limpar o desenho, até que ele fique igual a ilustração a seguir. Na dúvida, utilize o desenho de referência da elevação.

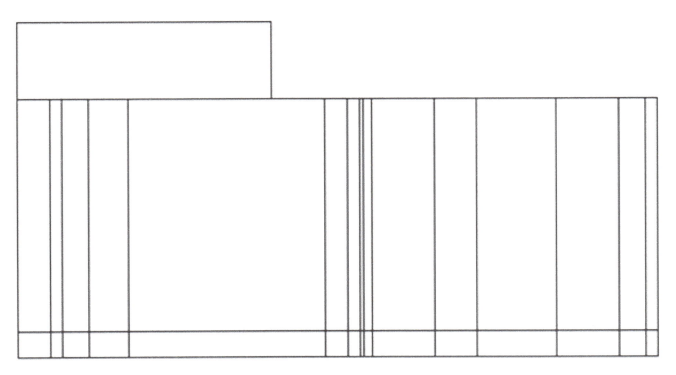

7° Passo: Aqui, marcaremos as alturas das janelas e portas. Para isso, utilizaremos o comando cópia paralela com uma distância de 2,10 m.

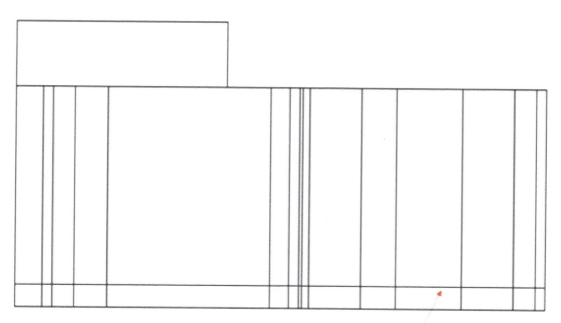

Ative o comando Cópia Paralela e selecione a linha de piso. Mova o cursor para cima, digite e o valor 2,10 e confirme com o ENTER.

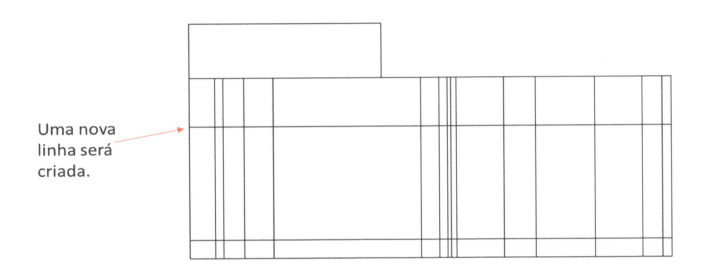

Uma nova linha será criada.

8° Passo: Utilize as ferramentas Aparar (TRIM) e Deletar (DELETE) para limpar o desenho.

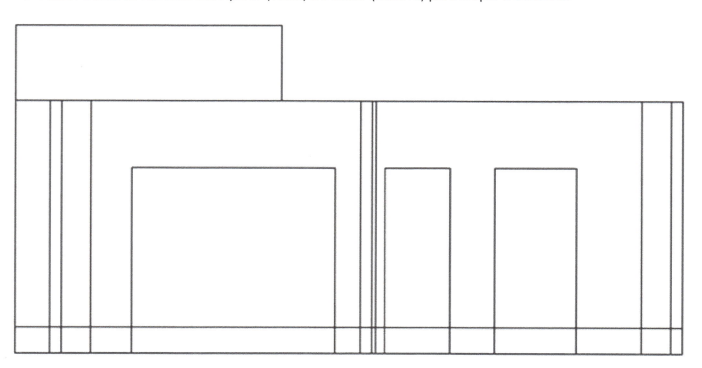

9° Passo: Neste momento, utilize o comando Cópia paralela (OFFSET) para criar os limites inferiores das janelas.

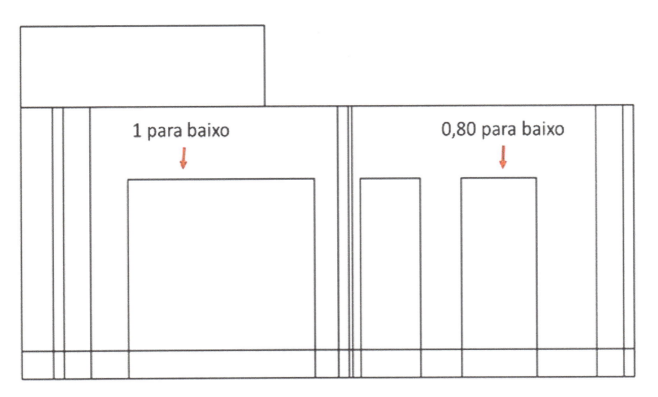

Limpe as linhas em excesso. O resultado esperado pode ser visto abaixo

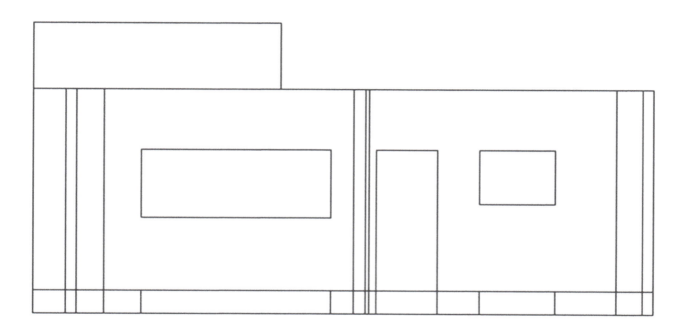

10° Passo: Agora, precisamos representar a diferença de nível existente no piso da varanda.

Ative o comando Cópia Paralela e selecione a linha indicada. Mova o cursor para baixo, digite o valor 0.03 e confirme com o ENTER

Limpe as linhas do piso

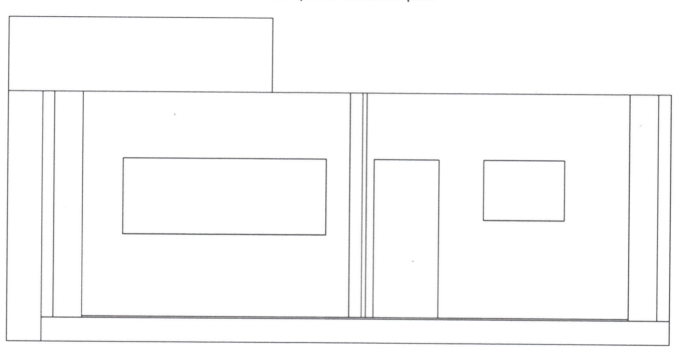

11° Passo: Neste passo, organizaremos cada componente em sua respectiva camada. Para isto, utilizaremos a ferramenta **Boundary** (limite), que pode ser ativado digitando **BO** → **CONFIRMA**.

1° Selecione a camada PAREDES VISTAS, com a ferramenta "Limite" ativada, clique nas áreas internas dos polígonos que representam os elementos vistos em primeiro plano e confirme com o ENTER.

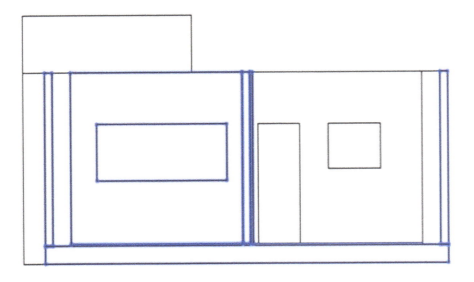

2º Crie uma camada denominada PAREDES VISTAS 2 (configurações iguais a da camada Auxiliar 1) e selecione-a. Com a ferramenta "Limite" ativada, clique nas áreas internas dos polígonos que representam os elementos vistos em segundo plano e confirme com o ENTER.

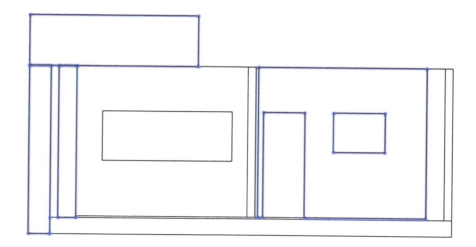

12° Passo: Desenhe a estrutura do telhado, que neste caso é do tipo tesoura.

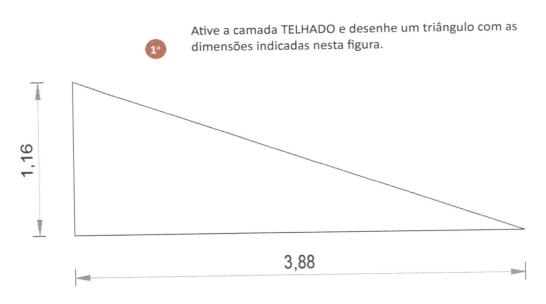

1° Ative a camada TELHADO e desenhe um triângulo com as dimensões indicadas nesta figura.

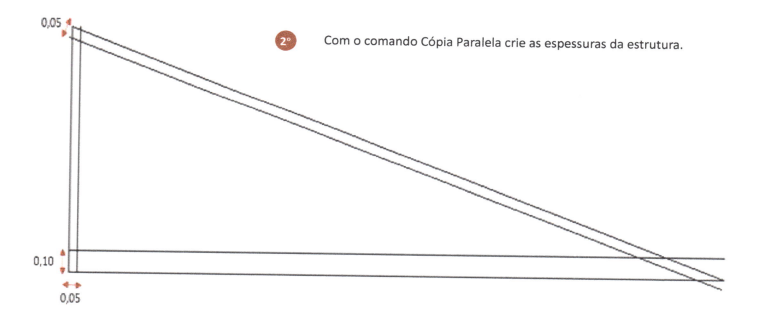

2º Com o comando Cópia Paralela crie as espessuras da estrutura.

3º Apare os excessos de linhas.

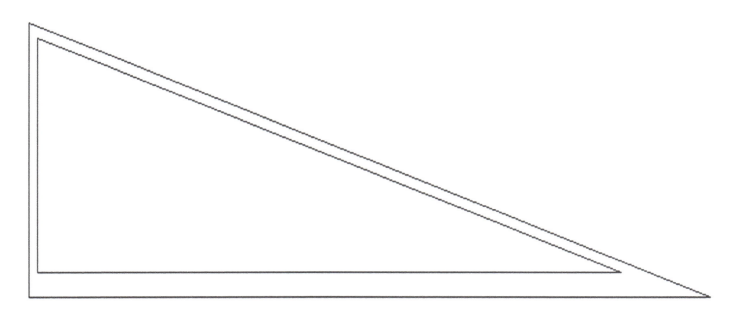

CAPÍTULO 4 **203**

4º Desenhe uma linha para representar os elementos que sustentarão a estrutura de madeira, conforme ilustração:

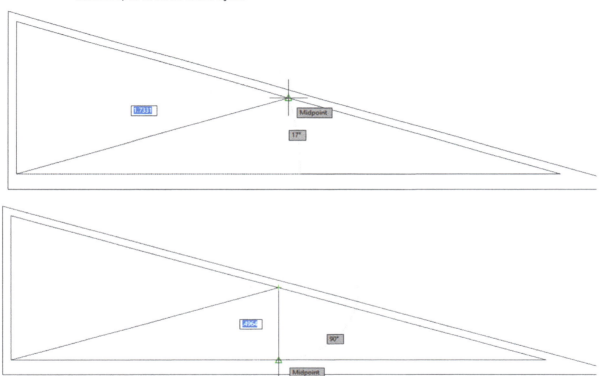

5º Com o comando Offset crie as espessuras da estrutura interna com espessura de 0.05 m (5 cm).

6º Apare os excessos de linhas.

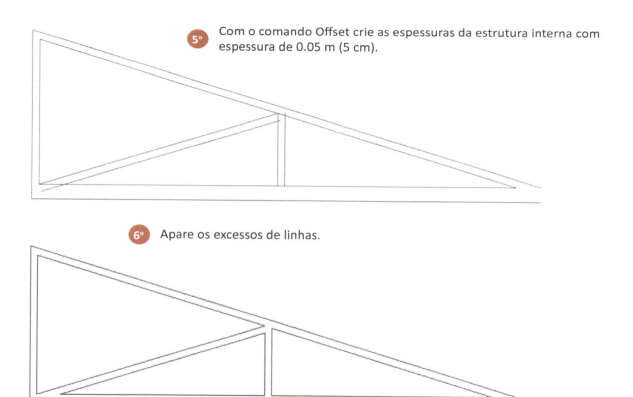

7º Utilize a ferramenta Mirror para criar o lado esquerdo da estrutura de madeira.

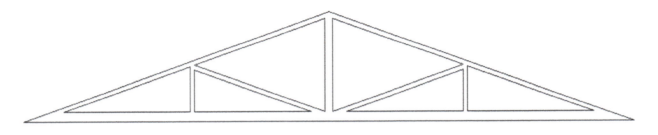

8º Aplique hachura na estrutura de madeira.

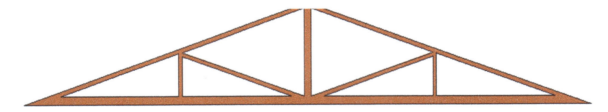

9º Insira a estrutura do telhado na edificação utilizando o ponto central como referência.

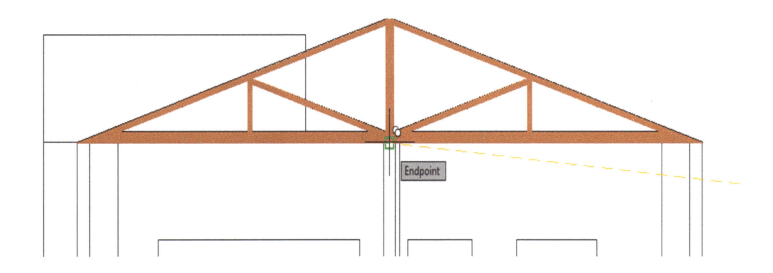

10º Apare e delete o excesso de linhas.

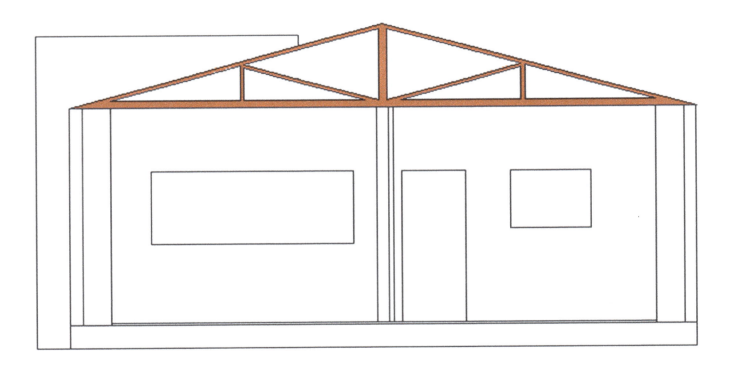

11º Insira as telhas da mesma maneira como foi feito para o desenho do Corte Transversal.

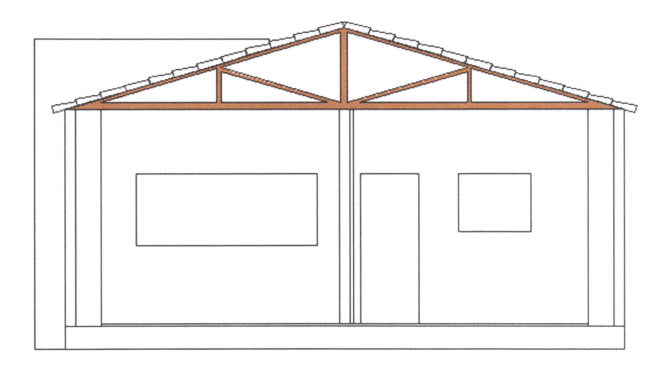

13° Passo: Para finalizar, aplique hachuras, insira blocos e linhas de chamada para detalhar os materiais da Elevação.

ELEVAÇÃO FRONTAL
SEM ESCALA

CAPÍTULO 5

PLANTA DE LOCAÇÃO E COBERTURA E, PLANTA DE SITUAÇÃO

Neste capítulo iremos aprender a representar edificações vistas de cima, semelhante a uma foto aérea, destacando a cobertura da edificação, sua locação dentro do lote destinado a construção.

5.1 Conceito e finalidade da planta de locação e cobertura

Pode ser compreendida como uma vista aérea da edificação que tem como objetivo apresentar as características da cobertura do projeto e sua posição dentro terreno ou lote, possibilitando assim a marcação da obra no terreno.

Mas atenção, a depender do projeto pode ser mais conveniente apresentar a Planta de Locação e a Planta de Cobertura separadamente. A representação unificada das duas é vantajosa principalmente quando se é possível representar as duas juntas em escala adequada sem ter que consumir tanto espaço no papel.

5.2 Principais elementos

A Planta de Locação e Cobertura deve informar as dimensões do terreno, os recuos e afastamentos dos limites do terreno até as paredes da edificação e de outros elementos existentes ou a serem construídos, como. Também deve-se indicar o sentido da queda dos telhados e sua inclinação, além a das linhas de encontros de quedas d'água.

Considerando que a esta planta consiste em uma vista externa à edificação, as espessuras de linhas serão dadas da mesma forma que nas fachadas e cortes: o que estiver mais perto do observador deverá ser marcado com a espessura mais grossa enquanto que o que estiver afastado deve ser marcado com a linha mais fina.

5.32. Desenhando a planta de locação e coberta da edificação

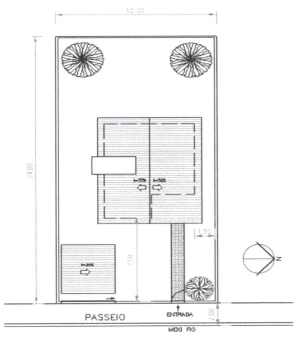

Agora vamos desenhar a Planta de Locação e Cobertura da edificação. Utilize o desenho ao lado como referência para a sua construção, juntamente com os detalhes presentes nos desenhos feitos anteriormente.

Para desenhar a elevação frontal da edificação siga os seguinte passos:

Modelo da Planta de locação e coberta da edificação

1° Passo: Copie a planta da edificação e limpe o desenho deixando apenas as paredes, projeção da coberta e esquadrias.

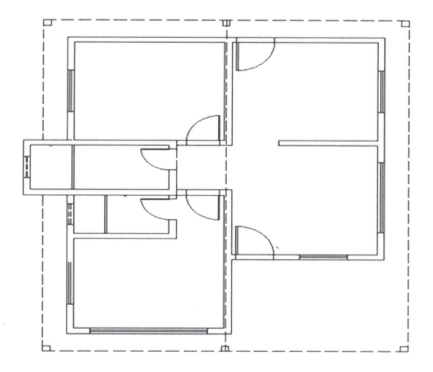

Dica! Desligue as camadas que não deseja copiar antes de fazer a cópia, para que sejam duplicados somente o que for importante, evitando assim um retrabalho.

2° Passo: Ative a camada PROJEÇÃO e, com a ferramenta **Linha** (LINE), contorne o perímetro externo das paredes com exceção da área onde está localizada a caixa d'água.

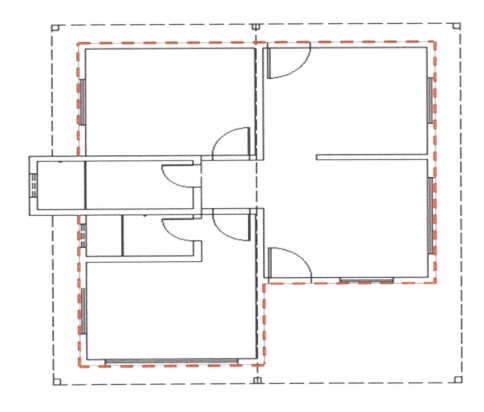

CAPÍTULO 5

3° Passo: Ative a camada PAREDES VISTAS e, com a ferramenta **Line** (linha), contorne o perímetro da área onde está localizada a caixa d'água.

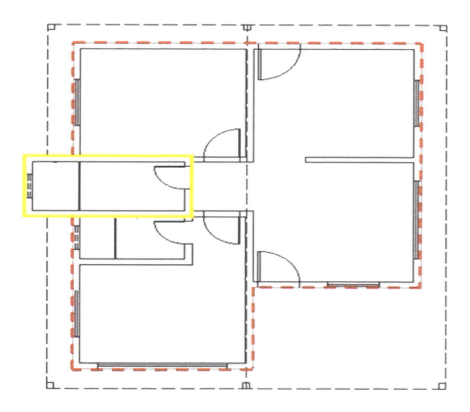

4° Passo: Ative a camada TELHADO e com ferramenta **Line** (linha), contorne o perímetro do telhado, incluindo a linha de cumeeira.

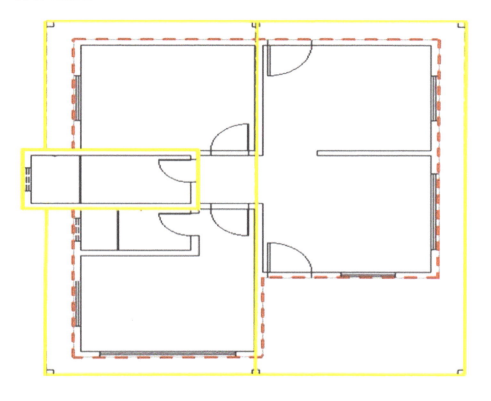

CAPÍTULO 5 **217**

5° Passo: Copie apenas os elementos recém-criados (perímetro externo das paredes, perímetro da caixa d´agua e perímetro do telhado) e apague todo o restante.

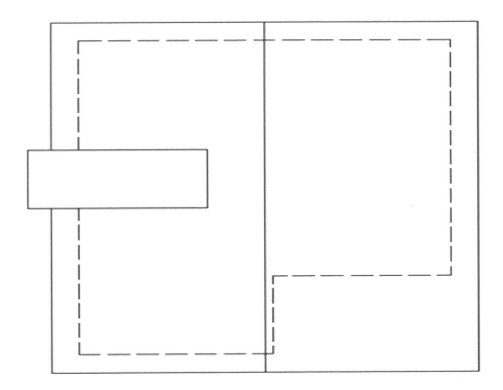

6° Passo: Indique o sentido das águas do telhado e suas respectivas inclinações. Utilize blocos para facilitar seu trabalho.

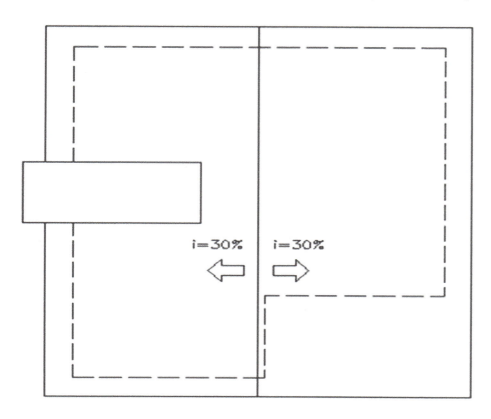

7° Passo: Aplique hachuras para representar o telhado. O sentido das hachuras em formato de linha deve acompanhar o caimento do telhado. Cuidado para não "poluir" o desenho com excesso de linhas. Pronto, a representação da coberta da edificação já está concluída.

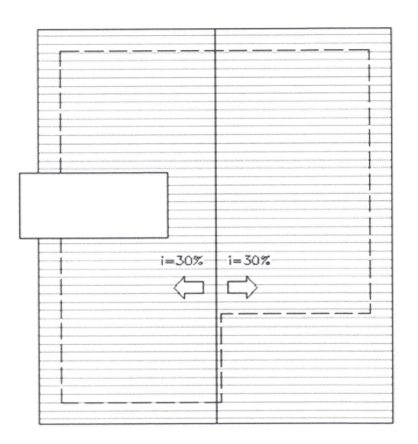

8° Passo: Represente os limites do lote aonde a edificação será construída. Como os limites do lote possuem muros utilizando a camada PAREDES VISTAS 2.

Após ativar a camada PAREDES VISTAS 2, desenhe um retângulo medindo 12 x 24

CAPÍTULO 5 **221**

9° Passo: Utilizando a ferramenta Offset (cópia paralela) crie a espessura do mudo com 0.15 m.

10° Passo: Ainda com a ferramenta **OFFSET** (cópia paralela) crie linhas de referência para indicar os recuos da edificação. Neste caso, adotaremos o recuo de 1.00 m em relação ao limite direito do muro 7.00 m em relação a frente do muro.

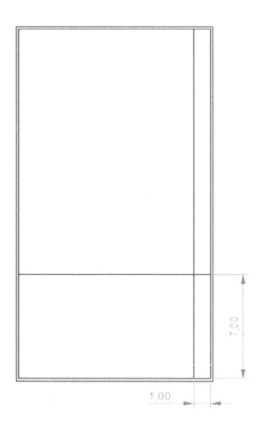

11° Passo: Utilizando o canto direitos do beiral como referência, mova a planta de cobertura até o ponto onde as linhas de recuo se cruzam e, em seguida, apague as linhas de referência.

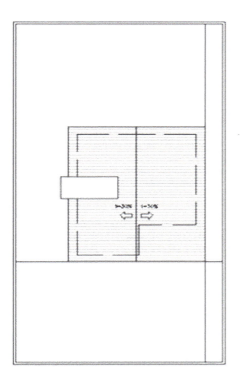
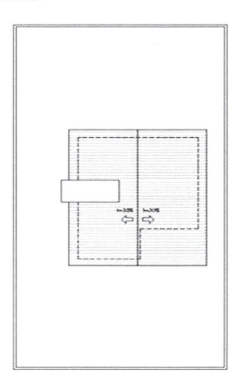

12° Passo: Utilizando as ferramentas LINE (Linha) e OFFSET (Cópias paralelas), represente a calçada com 2,00 m de largura. Esta dimensão pode variar de acordo a dimensão de cada rua.

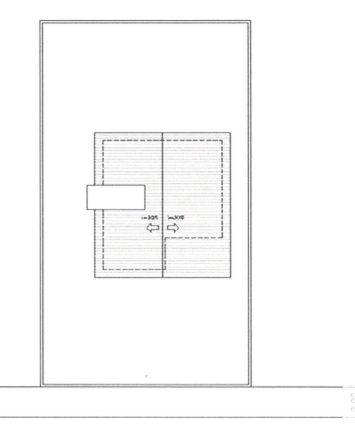

13° Passo: Para finalizar a planta adicione:

- a. Cotas dos limites do imóvel e das distâncias das paredes até o muro;
- b. Represente os portões de acesso;
- c. Identifique o passeio (calçada);
- d. Represente a coberta da garagem (caso exista);
- e. Indique a localização das arvores existente ou a plantar; e
- f. Insira os textos necessários.

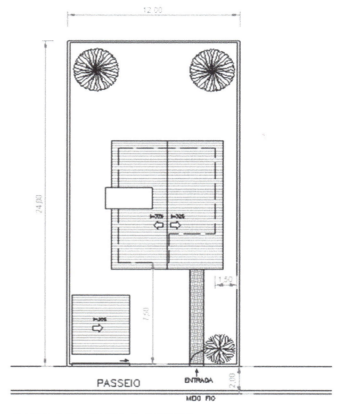

PLANTA DE LOCAÇÃO E COBERTA

CAPÍTULO 6

PLANTA DE SITUAÇÃO

Neste capítulo iremos aprender a representar a localização da edificação e do lote em relação a sua vizinhança.

6.1 Conceito e finalidade da planta de situação

6.1.1 Conceito e função

A planta de situação cumpre a função de situar o lote ou terreno onde está inserida a edificação em relação aos lotes vizinhos, ruas de acesso e quadras do entorno. Desta forma, a planta de situação pode ser entendida como um mapa em que é possível identificar o local exato que o projeto foi ou será executado.

6.1.2 Principais elementos

Considerando que a planta de situação representa uma "vista aérea" do local do projeto, todos os elementos representados nela serão desenhados utilizando linhas finas, com exceção da marcação do lote do projeto, que será demarcado com linha mais grossa para permitir maior destaque. Os elementos apresentados devem informar:

- Lotes vizinho, indicando a numeração de cada um;
- Calçada;
- Distância do lote até a esquina mais próxima;
- Quadra do lote e quadras ao redor do lote;
- Ruas e nome das ruas de acesso ao lote;
- Norte; e
- Outros pontos de referência que possam se destacar para facilitar a localização do lote.

6.2 Desenhando a planta de situação

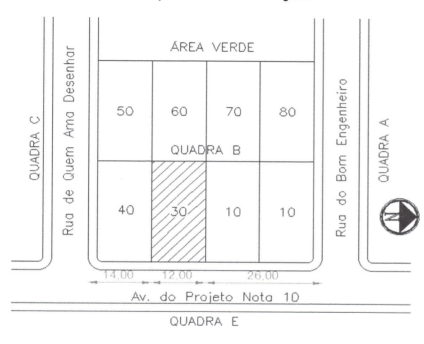

Modelo da planta de situação

O processo de desenho da Planta de Situação de uma edificação é um dos mais simples e rápidos do desenho arquitetônico, bastando para isso utilizar algumas ferramentas básicas do AutoCAD. Utilize o desenho a seguir como referência.

Para desenhar a Planta de Situação siga os procedimentos:

1° Passo: Assuma que o lote está localizado em uma quadra composta por 8 lotes. Para representar a quadra, desenhe um lote com 12m x 24m (use a camada AUXILIAR 1) e crie cópias do mesmo, distribuindo-os da forma ilustrada abaixo:

2º Passo: Com as ferramentas **LINE** (Linha) e **OFFSET** (Cópia paralela), represente as ruas principais próximas ao lote desejado.

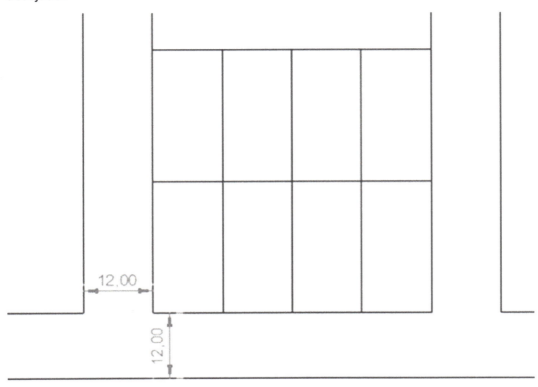

3° Passo: Com a ferramenta **Offset** (Cópia paralela) represente o passeio (Adotamos 2,00 m).

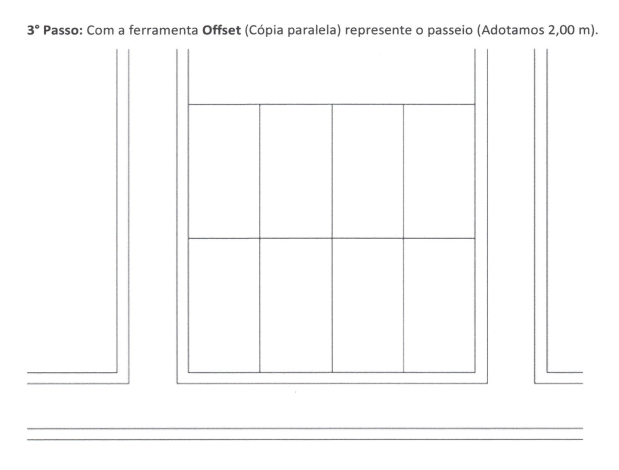

4º Passo: Utilizando a ferramenta **Fillet** (Arredondar) arredonde os cantos de retângulos que representam as esquinas, utilizando para os retângulos externos o raio de 3.00 e 1.00 m para os internos.

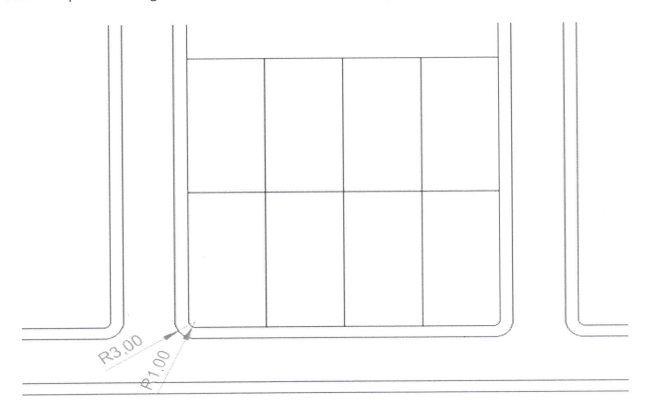

5° Passo: Identifique a quadra e os lotes, destacando com hachura o lote onde a edificação será construída. Identifique também as ruas que dão acesso ao lote, e cote a distância do lote do projeto até a esquina mais próxima.

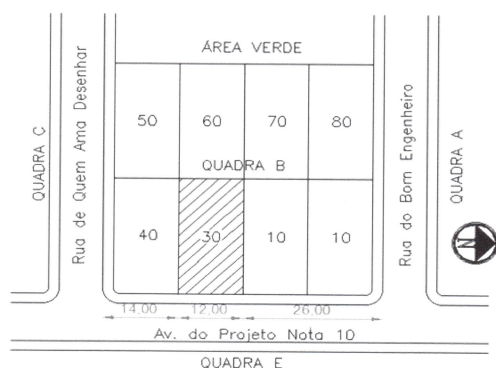

PLANTA DE SITUAÇÃO

CAPÍTULO 7

IMPRESSÃO DE PROJETOS

Neste capítulo, será abordado um dos assuntos mais importantes do desenho no AutoCAD que é a impressão/plotagem de projeto. Nele iremos aprender a forma correta de criar a documentação do seu desenho para que ele possua um resultado de qualidade e de fácil leitura.

7.1 Considerações iniciais

A impressão de projetos é a última etapa do desenho, mas nem por isso é a menos importante. Na verdade, será a partir de um bom projeto impresso que as informações serão transmitidas de forma clara para a uma boa execução. No AutoCAD, a impressão do projeto é dividida em etapas, as quais serão abordadas ao longo deste capítulo.

7.2 Configuração das folhas de impressão e criação de carimbo

7.2.1 Desenho do formato das folhas

Segundo a NBR 10068/87, que padroniza as características dimensionais das folhas a serem aplicadas em todos os desenhos técnicos, deve-se utilizar o formato recortado da folha da série "A", partindo do formato básico A0 (841 x 1189 mm) e os demais tamanhos feitos a partir da sua divisão ao meio.

Formato	Dimensões (mm)
A0	841 x 1189
A1	594 x 841
A2	420 x 594
A3	297 x 420
A4	210 x 297

Para desenhar o formato das folhas, crie um novo arquivo no AutoCAD, e certifique-se que as medidas estão em mm (**UN → CONFIRMA**). Crie uma Camada na cor azul com o nome FORMATO_FOLHA e torne-a corrente. Desenhe quatro retângulos com medidas correspondentes a cada uma das folhas da série "A".

A0 (1189 X 841)

A1 (841 X 594)

A2 (594 X 420)

A3 (420 X 297)

A4 (210 X 297)

Após desenhar os retângulos base, desenhe as margens das folhas e as linhas de referência para dobramento, conforme a Quadro abaixo e as figuras a que seguem.

FORMATO	MARGEM - mm			
	ESQUERDA	DIREITA	SUPERIOR	INFERIOR
A0		10	10	10
A1		10	10	10
A2	25	7	7	7
A3		7	7	7
A4		7	7	7

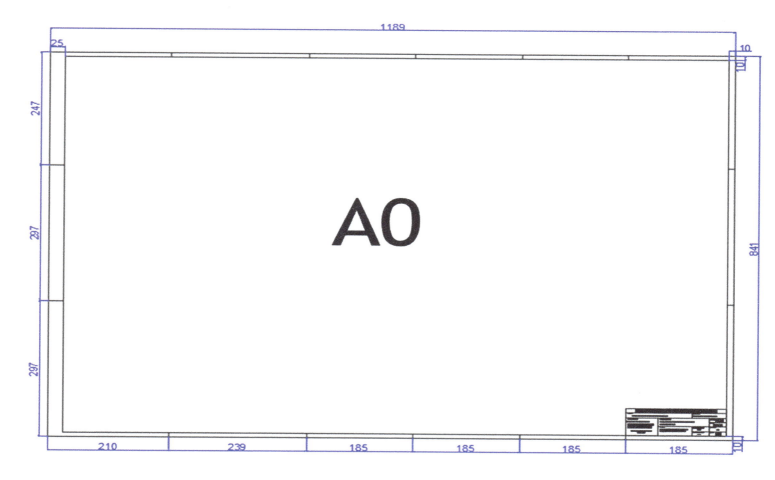

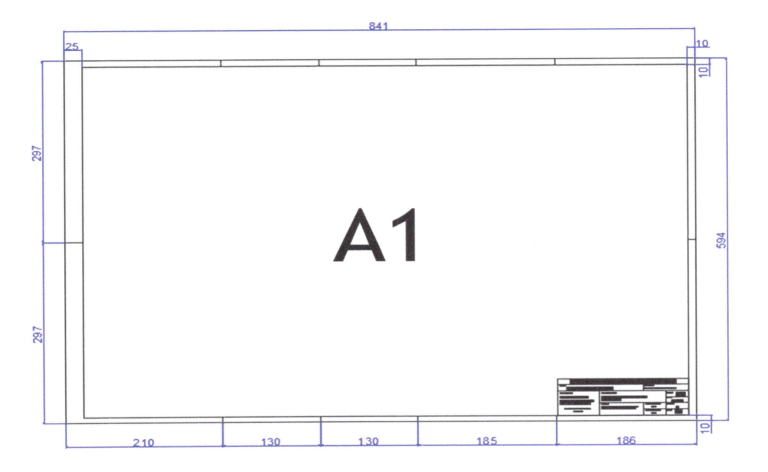

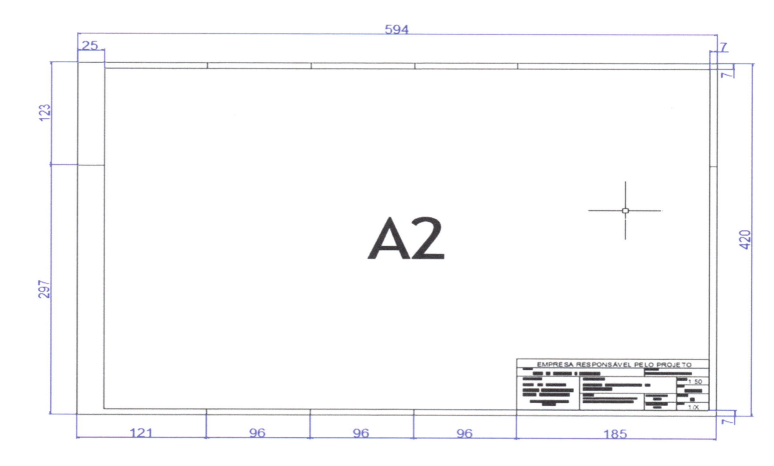

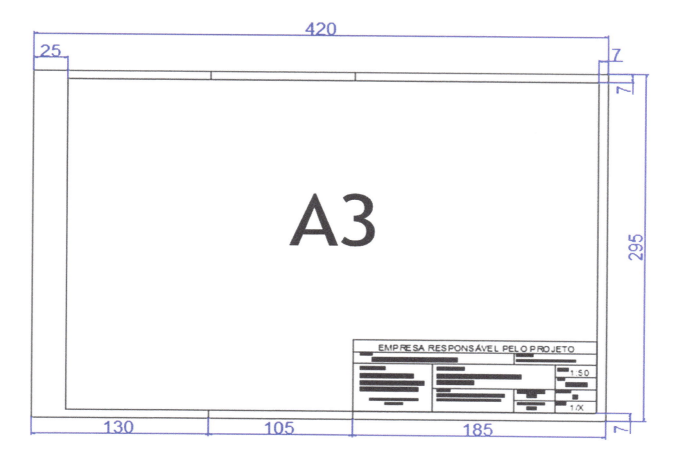

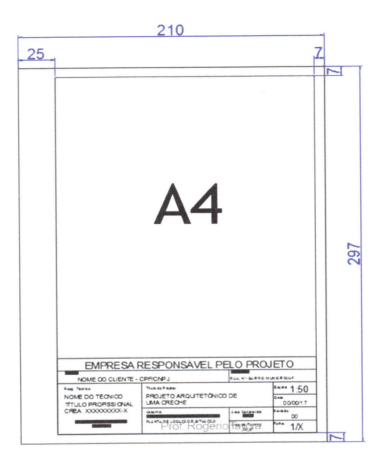

7.2.2 Desenhando o carimbo da folha de projeto

Agora que as folhas já foram desenhadas, deve-se criar a legenda/carimbo do projeto. Crie uma Camada na Cor verde com o nome "Carimbo". De acordo com a NBR 6492 que trata da representação de desenho de arquitetura, o carimbo deve trazer, dentre outras informações:

a. Nome do responsável técnico;
b. Nome do Cliente;
c. Identificação do projeto / Empreendimento (Endereço);
d. Título do desenho;
e. Nome do autor do projeto;
f. Nome do autor do desenho
g. Escala;
h. Data;
i. Prancha; e
j. Revisão

O carimbo das folhas A0 e A1 terá dimensões diferentes dos demais tamanhos. Desenhe os carimbos conforme os detalhes apresentados a seguir.

Legenda para os formatos A0 e A1.

EMPRESA RESPONSÁVEL PELO PROJETO			
Cliente: NOME DO CLIENTE - CPF/CNPJ		Endereço: RUA, N°- BAIRRO, MUNICIPIO/UF	
Resp. Técnico: NOME DO TÉCNICO TÍTULO PROFISSIONAL CREA: XXXXXXXXX-X _____ Assinatura	Título do Projeto: PROJETO ARQUITETÔNICO I		Escala: **1:50**
			Data: 00/00/17
	Assunto: PLANTA BAIXA, CORTES, FACHADAS, PLANTA DE LOCAÇÃO E SITUAÇÃO	Área Construida: XX m²	Revisão: 00
		Área do Terreno: XX m²	Folha: **1/X**

Dimensões: 55 · 60 · 30 · 30 — Total: 175

Altura: 60 — Alturas parciais: 10 · 10 · 10 · 10 · 10 · 10

Legenda para os formatos A2, A3 e A4.

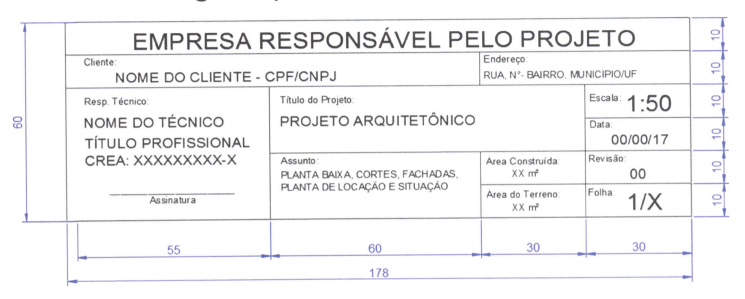

CAPÍTULO 7   245

Preencha o carimbo utilizando textos com as seguintes alturas:

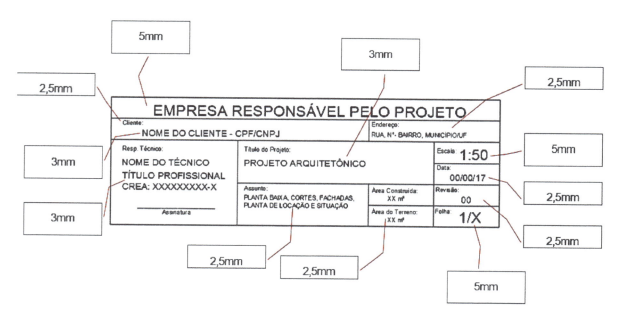

Para alterar os textos da legenda, basta clicar duas vezes com o botão do mouse sobre o texto e editá-lo da maneira desejada. Agora salve o arquivo com as folhas desenhadas na pasta de sua preferência.

Concluído o desenho da legenda, copie o mesmo e insira no canto inferior direito de cada uma das folhas.

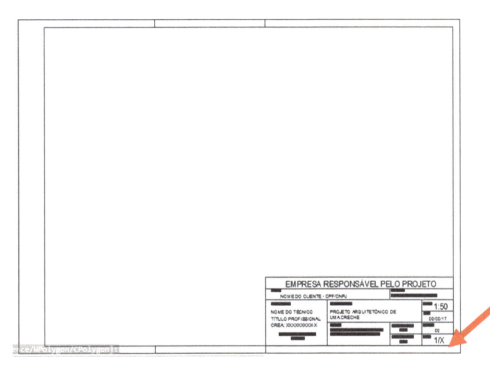

7.2.3 Configuração das pranchas nas abas de Layout

O passo seguinte será configurar as pranchas no AutoCAD. Para isso, abra o arquivo onde o projeto foi desenhado (preferencialmente seu arquivo base) e abra o ambiente layout, como mostrado na figura abaixo.

Clique para abrir o ambiente "Layout"

O AutoCAD já possui os formatos de folha da série "A", o que facilita a preparação da prancha. Contudo, algumas delas apresentam restrição de margem para impressão, o que pode é representado por uma linha tracejada na borda da folha.

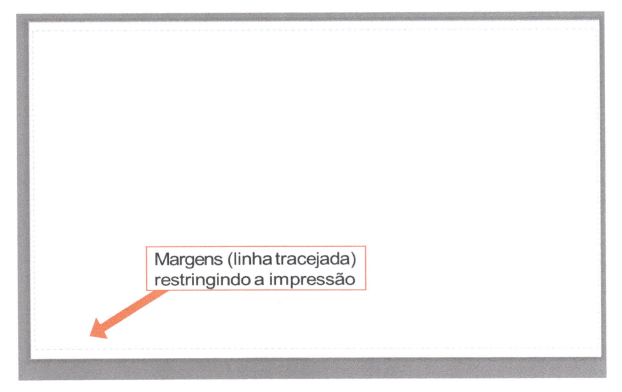

Para solucionar este problema, basta escolher as folhas do tipo "ISO full Bleed" que não possuem restrição de margem para impressão. Para isso, digite o atalho "**Ctrl+P**" escolha primeiro a impressora "DWG to PDF.pc3" e no campo "Paper size" (tamanho do papel) escolha o formato desejado. No nosso exemplo, utilizaremos o "ISO full Bleed A0 (841.00 x 1189.00 MM)". Em seguida, clique em "Apply to Layout" e feche o menu. Repare que as margens tracejadas irão sumir.

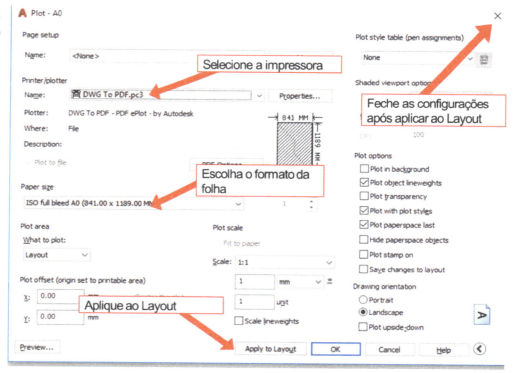

Agora que os formatos de folha estão configurados, vá até o arquivo onde foram desenhadas as margens das folhas e as legendas, selecione o formato que que interessa (no nosso caso o A0) e o copie (Ctrl+C). Neste caso, o comando COPIAR (CO) não funcionará.

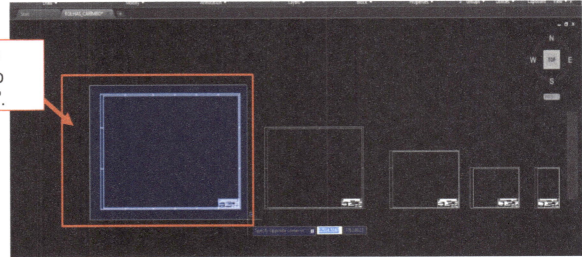

O AutoCAD lhe pedirá um ponto de inserção, digite as coordenadas **0,0** → CONFIRMA. Isso garantirá que os limites e a legenda sejam inseridos no ponto certo.

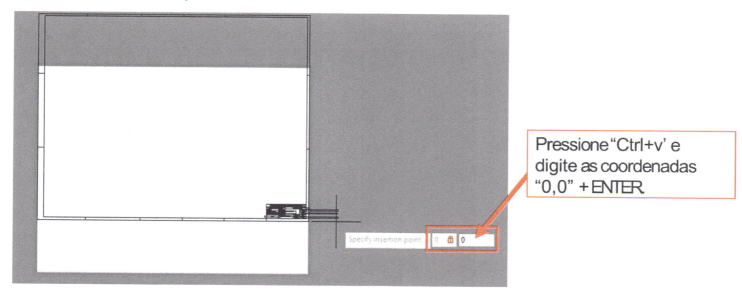

Este será o resultado! Uma folha configurada de acordo com a ABNT.

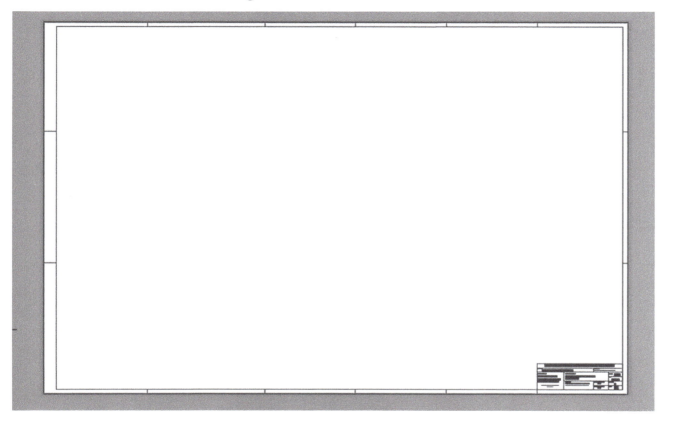

Agora crie novas abas de Layout e configure cada uma com um formato de folha diferente. Aproveite e renomeei os Layouts conforme o formato de folha correspondente. Acredite, isto lhe poupará muito tempo no futuro.

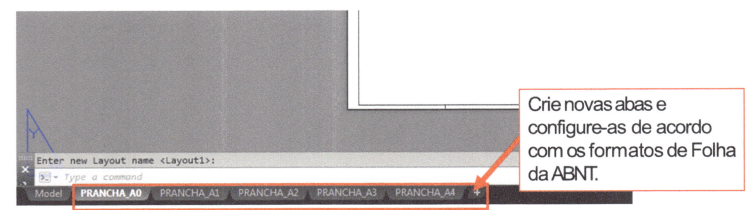

Crie novas abas e configure-as de acordo com os formatos de Folha da ABNT.

7.3 Montagem das pranchas

7.3.1 Inserindo os desenhos na prancha

Incialmente, selecione a Camada VIEWPORT. A Camada VIEWPORT deve estar configurada para não ser impressa. Em seguida crie uma Porta de Visualização através da ferramenta VIEWPORT, digitando o comando **MV** → **CONFIRMA**.

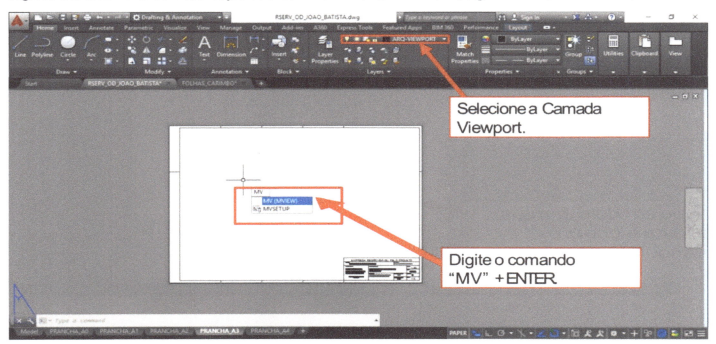

Clique em dois pontos da folha criando um retângulo. Será possível visualizar tudo o que está desenhado no ambiente "Model" sem uma escala definida. Dessa forma a viewport funciona como uma "portal" ou "janela" que vê tudo o que está no Model.

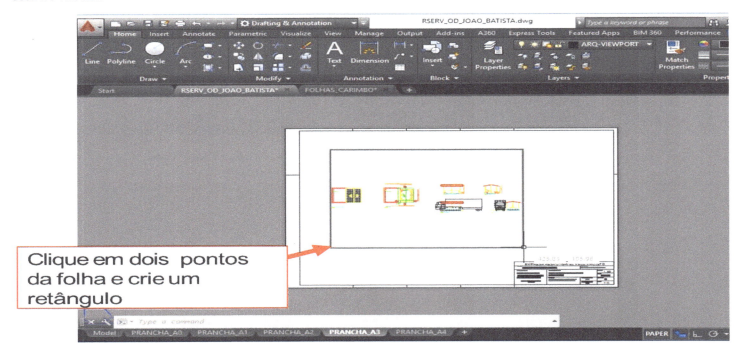

A ativação do VIEWPORT se dá por meio de um clique duplo dentro do retângulo criado. Quando se ativa a viewport, a borda dela ficará destacada com uma espessura mais grossa. Ao ativar o viewport, todos os comandos (incluindo zoom e movimentações) serão aplicados dentro da viewport. Para desativar (ou "sair") da viewport basta utilizar o clique duplo fora do retângulo de VIEWPORT ou utilizar o comando **PS** → CONFIRMA.

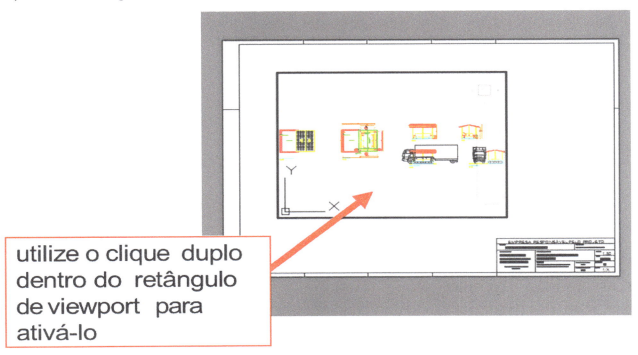

utilize o clique duplo dentro do retângulo de viewport para ativá-lo

Com o VIEWPORT ativado, utilize os comandos de visualização (rodinha do mouse) para localizar e centralizar o desenho que lhe interessa. No nosso caso, centralizaremos a planta-baixa.

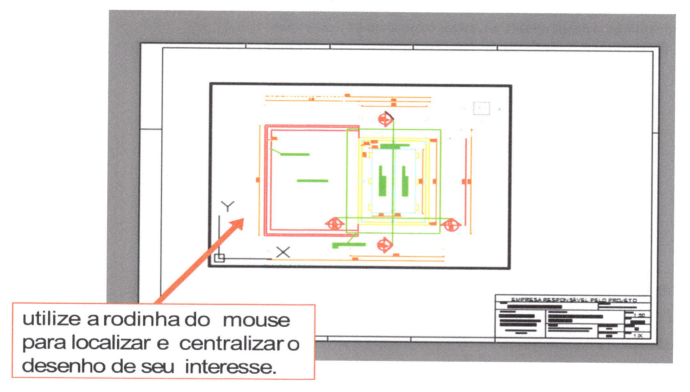

utilize a rodinha do mouse para localizar e centralizar o desenho de seu interesse.

7.4 Definindo a escala

O próximo passo é colocar o desenho na escala adequada. Utilizaremos o comando "ZOOM-SCALE". Para acioná-lo, digite a tecla de atalho "Z → CONFIRMA" e em seguida a opção "Scale", por meio da tecla de atalho "S → CONFIRMA", ou clicando sobre a opção na caixa de comando.

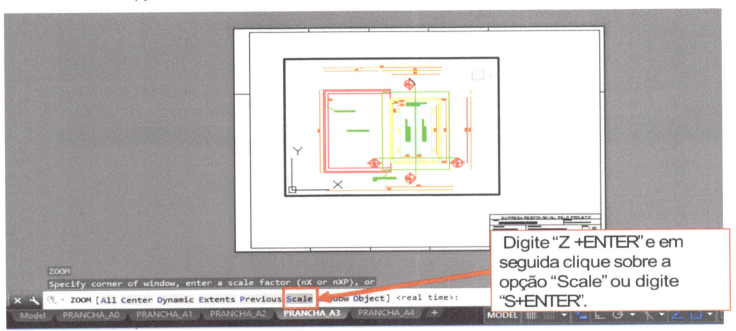

Agora será solicitada a escala na qual você deseja imprimir o desenho. O AutoCAD adota como unidade básica o milímetro, ou seja, será necessário converter a unidade de desenho para milímetro. Para compreender melhor, vamos tomar como exemplo o nosso desenho, que deverá ser impresso na escala **1:50**. Neste caso, em que o desenho foi realizado em metros, devemos considerar que **1 m** possui **1000 mm**. Logo, para informar a escala, devemos digitar **"1000/50xp"**. Este padrão sempre será utilizado. Para escala de 1: 25 digitamos "1000/25xp", para a escala de 1:100 digitamos "1000/100xp" e assim por diante.

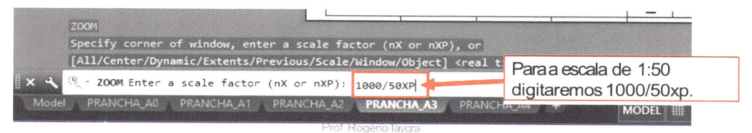

Cumprida esta etapa, o seu desenho já estará na escala adequada. Para que ela não seja modificada, utilize o duplo clique fora do retângulo da VIEWPORT, desabilitando a mesma.

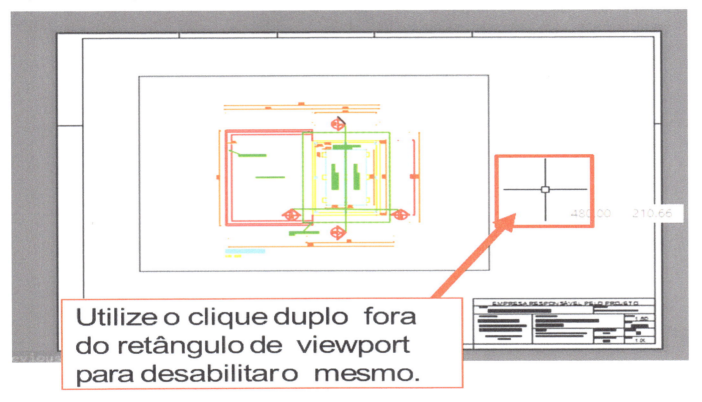

CAPÍTULO 7   261

Uma forma de garantir que a escala do seu desenho não seja alterada (algo muito desejável) é travar as Portas de Visualização já finalizadas. Para fazer isso, selecione a Porta de Visualização e clique com o botão direto do *MOUSE*. No menu que será aberto, vá até o ícone "Display Locked" e marque a opção "Yes" conforme ilustrado a seguir. Para destravar a Porta de Visualização basta marcar a opção "No".

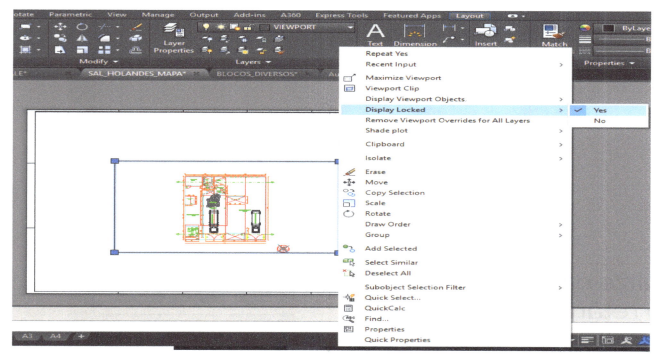

Com a VIEWPORT desativada será possível mover ou dimensionar o retângulo da maneira que se desejar, possibilitando a montagem de vários desenhos na prancha. Para isto, basta clicar sobre as arestas do retângulo e modificá-lo para que atenda às suas necessidades.

Repita os passos anteriores e monte a prancha do projeto da maneira mais conveniente para o desenho. Lembre-se de identificar cada um dos desenhos e suas respectivas escalas de impressão.

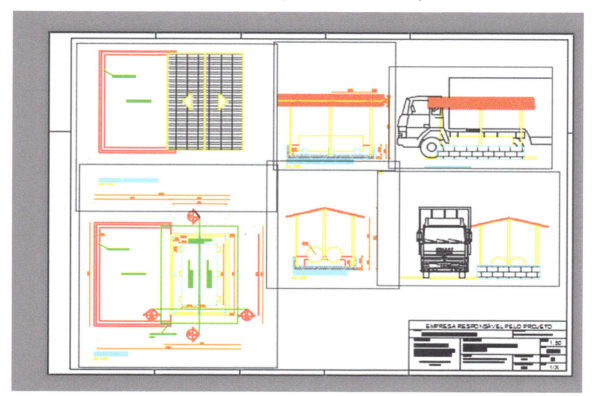

7.4.1 Escalas e Legibilidade do Desenho de Arquitetura.

Para que uma obra seja corretamente executada, antes de tudo o desenho precisa ficar legível. A fácil leitura das informações para as pessoas que irão executar a obra evita erros que podem custar dinheiro e tempo. Como regra geral, organize os desenhos para que aproveitem da melhor forma possível os espaços da folha de papel, mas que não fiquem muito próximos para não confundir a leitura. Além da posição do desenho, escolher a escala correta para cada situação também facilita a leitura. Abaixo, seguem algumas recomendações de escalas utilizadas para desenhos arquitetônicos.

Escala	Onde é utilizada
1/1, 1/2, 1/5 e 1/10	**Detalhamentos** de **elementos construtivos**
1/20 e 1/25	**Detalhes** de **ambientes**
1/50	**Plantas, cortes e fachadas**. *Geralmente é a escala requeridas nos órgãos oficiais para análise e aprovação de projetos.* **Planta de cobertura:** Quando a cobertura possui muitos detalhes importantes.
1/75	**Plantas, cortes e fachadas**. Somente para desenhos que não possuam tantos detalhes. Não é recomendável para envio à obra.
1/100	**Plantas, cortes e fachadas**: Somente para representação de estudos. **Planta de cobertura e locação:** Quando a cobertura é simplificada.
1/200 e 1/250	Usadas para setorização de grandes projetos. Plantas de situação e localização de terrenos, paisagismo, topografias e em projetos urbanísticos;
1/500 e 1/1000	Plantas de locação, zoneamentos, topografia e projetos urbanísticos.

7.5 Definição/criação do estilo de impressão

Agora que a prancha já está configurada e os desenhos devidamente inseridos, vamos finalmente imprimir o nosso projeto. Para isso, use o atalho **Ctrl+P** e escolha o estilo de impressão desejado, também conhecidos como CTB, que é uma tabela de configurações de cores para plotagem. O mais utilizado é o "monochrome.ctb" que resulta em uma impressão em preto e branco, recomendado para desenhos técnicos em geral.

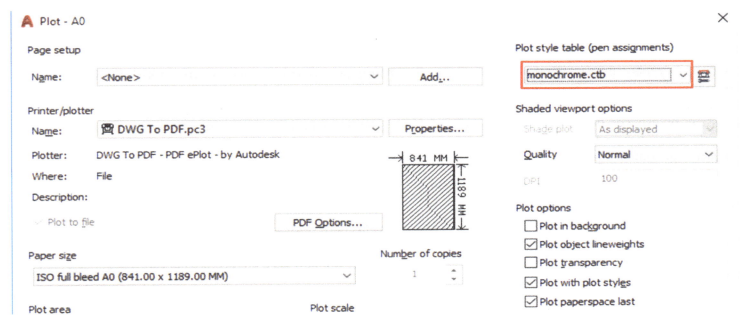

Contudo, em algumas situações é desejado que impressão traga também algumas cores, como na representação de água, vegetação, equipamentos de combate a incêndio e instalações prediais. Nestas situações, é necessário criar um novo estilo de impressão. Se este for o caso do seu projeto, use novamente o atalho **Ctrl+P** e siga os passos ilustrados abaixo.

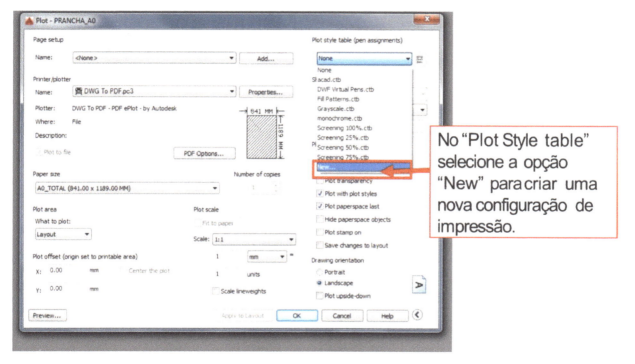

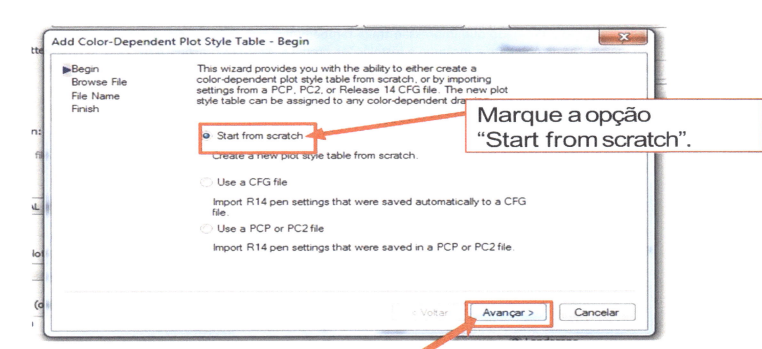

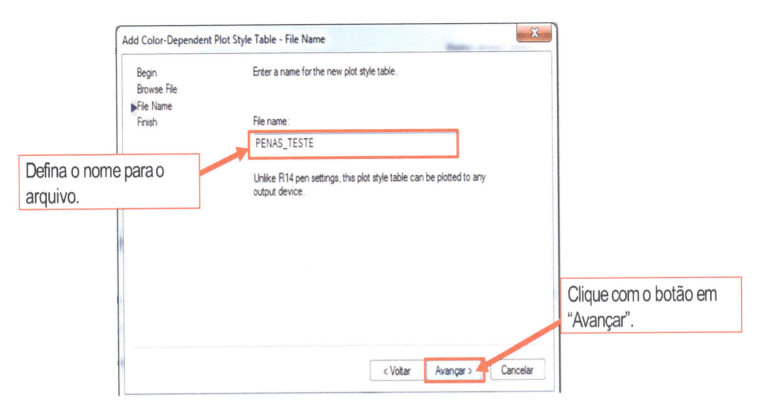

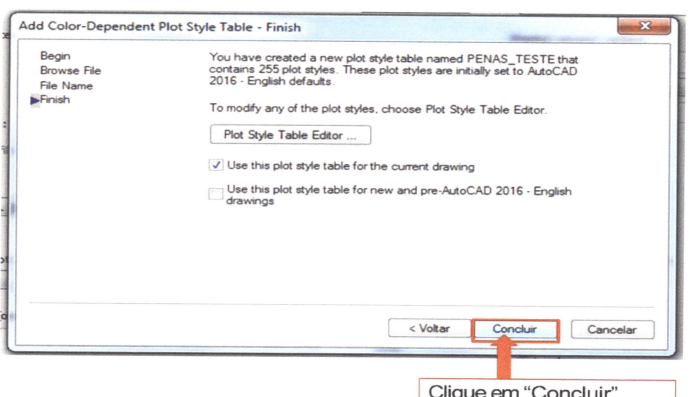

Agora vamos definir as cores de impressão do nosso projeto.

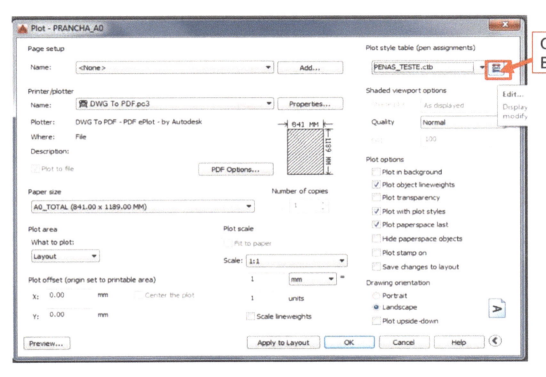

Na tela seguinte, você definirá a correspondência das cores utilizadas no seu projeto e as cores que serão impressas.

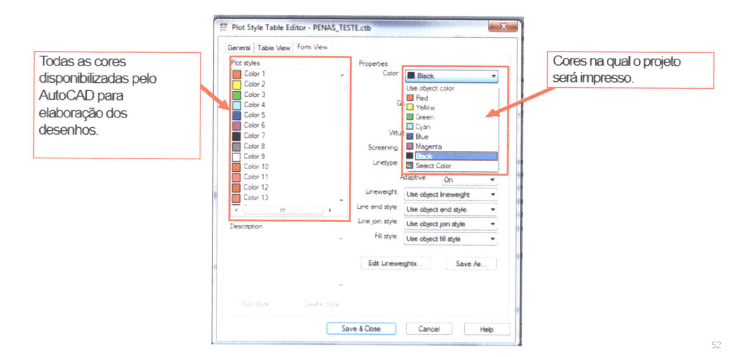

Lembre-se que, no desenho técnico, os elementos construtivos devem ser impressos na cor preta. No caso de nosso projeto, utilizamos as cores de 1 a 9 para representar os elementos construtivos, portanto, estas cores deverão ser impressas em preto. As demais cores serão impressas em sua cor original (conforme desenhado no MODEL).

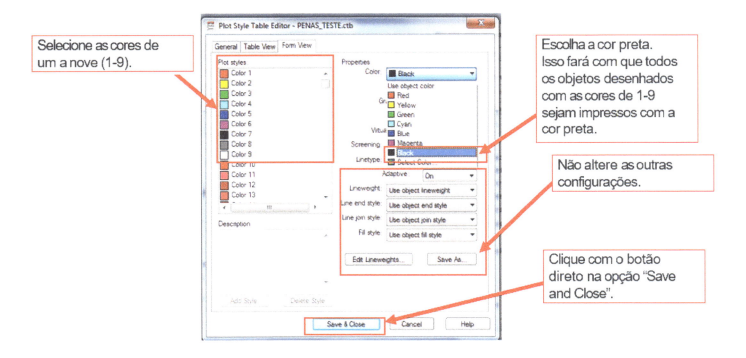

Visualize a impressão preliminarmente, para identificar possíveis erros ou inconsistências.

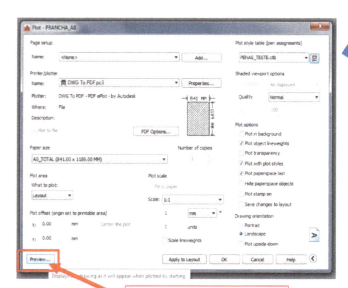
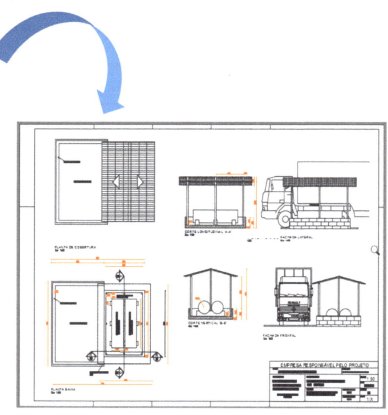

Clique com o botão direto na opção "Preview". Isto possibilitará visualizar como o projeto ficará após ser impresso.

7.5.1 Criando o arquivo PDF do seu desenho

Caso a representação do desenho estiver correta, basta clicar na opção "OK" e definir o local onde será salvo o arquivo em formato .pdf, que posteriormente poderá ser impresso em qualquer lugar.

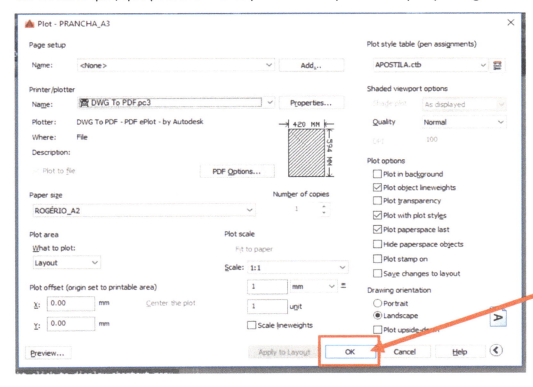

O resultado final pode ser visto logo a seguir. A partir desse arquivo é possível observar detalhes de como o arquivo será impresso, sendo então uma boa hora para revisão do desenho como um todo e corrigir algum erro. Anote todos os erros de uma vez em um papel e corrija todos de volta no arquivo do AutoCAD e crie novamente o PDF. Apesar desse cuidado, a experiência demonstra que alguns erros só são visíveis após a impressão do projeto. A prática te levará a perfeição (ou ao mais próximo disso possível).

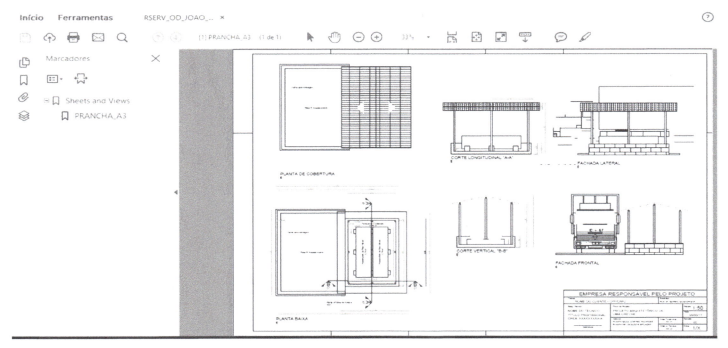

7.5.2   Imprimindo o arquivo PDF

O arquivo gerado no passo anterior deve ser levado para a gráfica para ser impresso. Algumas pessoas costumam levar somente o arquivo .DWG para a gráfica para ser impresso de forma direta, no entanto esse procedimento além de ser mais demorado, pode criar erros de configuração que podem gerar erros de impressão, então não é melhor levar o arquivo PDF para não arriscar errar logo na impressão.

Para que o desenho seja impresso na escala correta sem que haja distorções, peça para o funcionário da gráfica imprimir o desenho em tamanho real. Dessa forma tudo o que foi configurado na escala correta poderá ser medido com régua ou escalímetro com precisão cirúrgica.

CAPÍTULO 8

DESPEDIDA

Pronto, com isso finalizamos todos os passos para a criação de um bom desenho de arquitetura com todos os detalhe suficientes para uma leitura e execução. No entanto esse não é o fim! O desenho técnico será específico de projeto para projeto, e, com a prática, você verá que há diversos outros detalhes e representações que poderão ser úteis para você. Mas não se desespere! Tudo o que foi ensinado aqui pode ser facilmente modificado para se adequar a sua necessidade de desenhista. Caso novas dúvidas surjam, não deixe de procurar nos fóruns oficiais da Autodesk ou pergunte para um amigo mais experiente. Lembre-se: sempre há o que se aprender! Agora é com você!

CAPÍTULO 9

REFERÊNCIAS

9.1 Normas Brasileiras
9.2 Livros
9.3 Sites
9.4 Outros

Sites

Aditivo CAD
www.aditivocad.com

CadKlein
www.cadklein.com.br

Cursos Construir
www.construir.arq.br

QualifiCAD
www.qualificad.com.br

Canais do YouTube

Roberta Vendramini & Professores Convidados
https://www.youtube.com/user/robertavendramini

Daniel Severino
https://www.youtube.com/user/ProfDanielSeverino

Luciana Klein
https://www.youtube.com/user/lucianaklein

DescompliCAD
https://www.youtube.com/channel/UCtlp2P5UBZ_-NvuKmKN6FzA

CAPÍTULO 10

TABELA DE COMANDOS

INGLÊS	ATALHO DO COMANDO	PORTUGUÊS
AREA	AA	Área
COPY	CO	Copiar
DIMMESIONS STYLE MENAGER	D	Gerenciador de Estilos de Cota
EXPLODE	X	Explodir
EXTEND	EX	Estender
HATCH	H	Hachura
INSERT BLOCK	I	Inserir Bloco
JOIN	J	Juntar (Unir)
LINE	L	Linha
MIRROR	MI	Espelhar
MOVE	M	Mover
LAYERS PROPERTIES MENAGER	LA	Gerenciador de Propriedades de Camadas
OFFSET	O	Cópia Paralela
TRIM	TR	Aparar
POLYLINE	PL	Poli linha
RECTANGLE	REC	Retângulo
ROTATE	RO	Rotacionar
WRITE BLOCO	W	Escrever Bloco